前言 | PREFACE

幽默是一种能力，幽默的人魅力无穷。言谈风趣、妙语解颐的人往往气场强大，充满智慧，更会成为值得信赖的人，为自己创造超和谐的人际关系。

掌握了幽默沟通的学问，即拥有了通向魅力气场的口才秘籍。幽默的闪光之处可以体现在生活的方方面面：在人际交往中挥洒幽默口才，可以驱散愁云，让你的周围充满愉悦与欢笑；在谈判和演讲中带着幽默口才上阵，可以使你的每句话都扣人心弦，轻而易举地"俘获"观众；在职场中巧用幽默口才，可以帮助你成功地推销自我，赢得上司的赏识，助跑职场之路；在爱情和婚姻中加入幽默口才，可以帮助你增加爱情的趣味，带来满怀的浪漫，拥有幸福和美满。

在一个汽车展销会上，一对年轻夫妇对一款汽车的价钱颇有微词。"这几乎跟一辆大卡车的价钱差不多了。"太太抱怨着。

"当然，假如您喜欢大车的话，同样的价钱，我可以卖给您两台大型拖拉机。"

作为一个销售员，掌握幽默的沟通技巧是非常重要的。面对顾客的抱怨，你可以用幽默技巧委婉地表明自己产品的价值所在。插入幽默的语言，可以让顾客改变态度，从而喜欢上你的产品。

有的人认为幽默感是天生的，有的人则认为需要不断练习才会变得幽默，而本书的主旨就是教你学会在各个方面运用幽默、制造幽默的本领。

本书从实用的角度出发，通过对综艺名嘴的幽默制胜技巧、练就幽默达人的智慧幽默技巧、打通人际关系的幽默沟通技巧、活跃社交气氛的幽默气场、妙趣横生的演讲技巧、扭转乾坤的幽默谈判技巧、营销"破冰"的销售技巧等介绍，让你通过一看就会的幽默口才攻略，和一用就灵的幽默表达技巧，真正掌握最佳的幽默口才制胜秘籍。为你的话语注入幽默的力量，在幽默中获得前进的动力，教你把僵硬的语言变得婉转，把黑白的语言变得多姿多彩。

怎样的表达才恰如其分？怎样的拒绝才更有效？交谈时，是咄咄逼人、还是幽默委婉？是正面交锋、还是旁敲侧击？本书通过对中外幽默故事的逐一点评分析——如何点到为止、如何正话反说、如何热话冷说、如何营造气氛、如何讽而不刺……平常的场景、熟悉的对话、轻松的气氛，小故事中蕴含大道理，给人以启迪。

生活中少不了幽默，幽默能帮我们化解尴尬，摆脱麻烦，甚至能帮我们驱走阴霾。一个懂得幽默的人也许所说的只是简单的几个字，却可以产生非比寻常的影响。拥有幽默口才的人无论走到哪里，都能把笑声随身携带。

学会了幽默沟通的方法，在与人交往时就能够如鱼得水，在轻松一笑中解除一天的烦、累，让言辞多些趣味，幽默到心田，我们的人生也会拥有更多的乐趣和成功。

让幽默成为你的一种生活态度，提升你的人格魅力，让你拥有一个快乐的人生。只有懂得正确使用幽默，并善于表达幽默，你的影响力和感染力才会越来越强，你强大的气场才会让你得到更多人的拥戴，获得更多人的理解和支持，从而使生活和事业多姿多彩。

该书一经上市就受到读者们的关注和喜爱。为了感谢广大读者的厚爱，我们特此奉上全新升级版，保留了上一版深受读者喜爱的精华内容，并根据情况更新了一部分更贴近当下生活实际的最新案例。为了给读者更多元化的阅读体验，本书添加了二维码以供读者阅读更多的内容，使读者充分利用碎片化的时间吸收知识。

本书适合各行各业的读者，旨在帮助大家在职场、人际交往、爱情、家庭生活中更加收放自如、游刃有余，用幽默收获满意的人生。

编　者
2018 年 8 月

幽默沟通学

最受欢迎的沟通方式与技巧

汇智书源◎编著

—— 第2版 ——

中国铁道出版社有限公司
CHINA RAILWAY PUBLISHING HOUSE CO., LTD.

内 容 简 介

　　幽默是一种智慧，是一种聪颖，是一种机敏。一个风趣幽默、具有出众口才的人，不管是人际沟通、商业谈判、职场演说，还是谈情说爱，都会让人刮目相看，不管在什么地方都能成为人们所关注的焦点。幽默是社交的调料，一个懂得幽默的人既可轻松引人一笑，也可以帮助你扭转乾坤、消除尴尬、化解不利形势。

　　本书深入展示幽默沟通的力量、揭示幽默沟通的技巧，告诉读者如何使用幽默才能使批评和反驳被对方接受，才能使长篇大论的演讲富有感染力、使人际关系变得融洽、使生活充满乐趣，启发读者更好地掌握和使用幽默沟通这门艺术。说幽默话、做幽默人；增进沟通、改善人际关系；促进工作、赢得人生。

图书在版编目（CIP）数据

　　幽默沟通学：最受欢迎的沟通方式与技巧 / 汇智书源
编著. — 2 版. — 北京：中国铁道出版社，2019.3（2019.12重印）
　　ISBN 978-7-113-25100-0

　　Ⅰ. ①幽… Ⅱ. ①汇… Ⅲ. ①幽默（美学）–语言艺术
–通俗读物 Ⅳ. ①H019-49

　　中国版本图书馆 CIP 数据核字（2018）第 255907 号

书　　　名：**幽默沟通学：最受欢迎的沟通方式与技巧（第二版）**
作　　　者：汇智书源　编著

策　　划：巨　凤　　　　　　　　　读者热线电话：010-63560056
责任编辑：苏　茜
助理编辑：邹一丹
责任印制：赵星辰　　　　　　　　　封面设计：MXK DESIGN STUDIO

出版发行：中国铁道出版社有限公司（北京市西城区右安门西街 8 号　　　邮政编码：100054）
印　　刷：三河市宏盛印务有限公司
版　　次：2016 年 5 月第 1 版　　2019 年 3 月第 2 版　　2019 年 12 月第 2 次印刷
开　　本：700 mm×1 000 mm　1/16　印张：15　　　字数：240 千
书　　号：ISBN 978-7-113-25100-0
定　　价：49.00 元

目录 | CONTENTS

第十五章　幽默处世，把智慧融入幽默

用手机扫描二维码或通过下面网址，阅读以下精彩内容

http://upload.m.crphdm.com/2019/0222/1550807459448.pdf

附录

幽默是讲究分寸的，想要把幽默表达得合理，便要分清场合，把握好幽默的"度"。给别人戴高帽，帽子太大会遮住脸面，博不到对方的好感，还会把你当成谄媚的小人；帽子太小又戴不到头上，不痛不痒，起不到应有的幽默效果。如何才能将幽默发挥得恰到好处呢？那就要控制好幽默元素的"投放量"，将幽默的分寸拿捏准。

第一章

幽默有道，综艺名嘴教你制胜幽默技巧

一、吴宗宪（1）：见缝插针，将"荒谬"进行到底

吴宗宪作为一名优秀的综艺节目主持人，其具有代表性的"吴氏搞笑风格"使节目在十年间一直占据收视率冠军的宝座。他的幽默并不深奥，很容易创造，随时随地都可以见缝插针地幽默一下。

他的这种幽默不仅是喜欢硬拗，还会编造一些谁都知道的荒谬可笑的傻话，还很喜欢自我嘲讽，或者拿熟悉的搭档开涮，对活跃周围气氛十分有效。

一次，吴宗宪在节目录制现场，把来宾演唱的歌曲名字说错了，来宾准备演唱《小城故事》，可是吴宗宪误说成了《甜蜜蜜》。来宾赶紧提醒他，弄得吴宗宪有些尴尬，可他偏偏硬拗，笑嘻嘻地说："没有没有，这一首歌名叫《甜蜜蜜》，但歌词是《小城故事》。这样好不好，让咱们都有个台阶下！"说完，吴宗宪转过身来对乐队伴奏说："那个老师，麻烦用《甜蜜蜜》的前奏，然后再演奏《小城故事》。"

节目现场一片哄堂大笑。

幽默作为一种错位的语言艺术，常常运用驴唇不对马嘴的移植或组合，构成令人捧腹的效果。突破常规思维，才能巧发奇中。

在吴宗宪主持的一档娱乐节目里，有一次，一位小妹妹现场表演扮鬼脸。

吴宗宪："这就是你的才艺表演吗？"

小妹妹："是的。"

吴宗宪："中国有句古话，女子无才便是德，这是位很有德的朋友啊！"

吴宗宪信手拈来，将现场观众扮鬼脸说成是才艺表演，这种奇招令他的节目充满了轻松欢乐的氛围，也正是这种无厘头的主持风格，奠定了吴宗宪在台湾娱乐界一哥的地位。

幽默沟通技巧

> 幽默的目的是让人的精神放松下来，开心是幽默的功效。幽默是智慧的象征，如果你在谈吐间加一些幽默进去，那么说话就会更有趣味，别人就会更愿意与你交往。

二、吴宗宪（2）：有创意的玩笑更有笑料

谐星这个角色最早是出现在日本的综艺节目中，后来被我国台湾综艺界引进，然后发展成为现今我国台湾综艺界的主流风格。谐星就是指在综艺节目中不惜自身，丑化自己、自嘲，从而取悦观众。

要想成为"谐星"，就不能一本正经地说话，尤其是喜欢挑别人错别字的人更不容易成为幽默大师，哪怕是一个作家，即使文字写得四平八稳，但是缺乏味道，读者也会厌倦。一个有才华的作者更善于把汉字的"音""义"发散开去，比如号称当今"中国玩文字数第一"的作家、评论家李承鹏先生，就可以做到"让文字更有趣"。

再如当今名作家郭敬明先生用词华丽、文笔细腻，其作品读起来会让人感到忧伤，既不能让人释怀，也不能让人开怀大笑。李承鹏的文字虽然"平实"，但嬉笑怒骂皆成文章，所以其博客备受网友追捧。

要想成为谐星或想迅速成为一位受人喜欢的幽默大师，捷径就是要"谐"，要善于运用"谐音"。

谐音就是利用汉字同音或近音的特点，用同音或近音字来代替本字，产生趣味的修辞格。能够灵活运用中国汉字的谐音可以直接提升你的幽默指数，这是相声演员、主持人必须掌握的基本功。下面我们先看看吴宗宪的"谐"法。

有一次，郭采洁参加"我猜我猜我猜猜猜"节目的录影。

吴宗宪："还在念书啊！"

郭采洁："对，大四。"

吴宗宪："那你既念书又要出唱片，会不会大四（事）不好啦！"

现场气氛瞬间被调动了起来。

作为一个节目主持人，不仅要能说会道，还得学会幽默的沟通技巧。如果只是会说，但是让听的人提不起兴趣，那无疑也是失败的。

有一次，一个参加吴宗宪节目的女嘉宾因为妆前妆后差别太大，在网络上被人骂得很难听。

吴宗宪："网络上大家为什么要这样骂人，对不对？现在有网络警察，乱骂人，抓到还是要告你的哦！"

阿雅、蝴蝶姐姐："对！"

吴宗宪："散播一些人身攻击是不可以的哦，但你攻击对方的当归，那我们就不管了。"

阿雅："什么叫当归啊？"

吴宗宪："政府有规定不能'人参'攻击嘛，'当归'攻击我们就不管！"

吴宗宪正是凭借着自己幽默机智、无厘头式的主持风格，吸引了一大批粉丝。如果你所说的笑料是众所周知的，那么可能也达不到预期的幽默效果，但是在笑料中加入一些创意，却会让你的机智与幽默更添风采。

> **幽默沟通技巧**
>
> 快节奏的生活使每个人都压力巨大，所以懂得幽默、能让人开心的人也就越来越受欢迎。但幽默也需要创意，用一个老梗就想幽默全世界根本不现实。我们在生活中要注意观察，不断积累，才能创造更有趣、更新颖的幽默语言。

三、孟非（1）：俏皮话，拉近彼此的心理距离

在与陌生人接触时，有的人会产生紧张感，特别是在双方第一次见面的时候，由于彼此都不了解，不知道对方的喜好，因此往往会不知如何选择话

题，甚至有的时候已经准备好了台词，可是在见到对方的那一刻，脑海中却一片空白。

其实，在与别人交流的过程中，不妨适当地添加一些幽默的语言，缓解对方紧张的情绪，拉近彼此心灵的距离。交际场中的那些"老手"都明白，如果将幽默的神奇力量巧妙地注入话语中，就能让自己显得更有人情味，更具亲和力。

2011 年的某期《非诚勿扰》中，来了一位男嘉宾是孟非的铁杆粉丝。这位男嘉宾身穿粉红 T 恤，也是光头，还和孟非一样戴着眼镜。

孟非见到了他便问："你为什么将衣领竖起来？"男嘉宾回答道："倒不下来。"孟非继续问："那你出场的时候为什么背对着大家出来？"男嘉宾还没有回答，孟非就恍然大悟般地替他回答道："哦，转不过来。"立刻引得现场观众大笑不止。

这位男嘉宾在选择心动女生时显得异常犹豫，他将在场上的女嘉宾看了好几遍后，还是无法做出选择，台下的观众见此都乐得哈哈大笑，台上的女嘉宾们也都捂嘴而笑。这时候，孟非笑着问这位男嘉宾："您要不要买张报纸看一会儿？"

孟非的幽默话语，瞬间点爆了现场的气氛，而对于男嘉宾选择心动女生时的紧张情绪，孟非则通过一句出其不意的俏皮话巧妙地为其进行了掩饰，从而淡化了男嘉宾的紧张感。可见，创造一种轻松的氛围是拉近与嘉宾距离的最好方式，而幽默的俏皮话就是一种非常好的沟通方式。

很多时候我们可能会面对不合理的要求，如面对令人不愉快的行为，或者遇到尴尬的场面，如果这个时候我们能在紧张的氛围中，偶尔来一两句引人发笑的俏皮话，那未尝不是一种活跃氛围的好方式。

放眼古今，不少名人、雅士都非常善于说"俏皮话"。梁实秋先生就曾"笔而记之"老师梁启超在清华发生的一件俏皮事：他的极简短的开场白，一共只有两句，头一句是："启超没有什么学问"，眼睛向上一翻，轻轻点一下头："可是也有一点喽！"每次上完课，梁任公总是在掌声雷动中大摇大摆地徐徐步出教室，无一人敢先离座。

《鬼谷子》中有云："口乃心之门户。"俏皮话能让陌生的双方变亲近、深奥的语言变通俗、复杂的东西变简单，给人以温和、亲切、友善之感。在紧张的氛围中，不妨神色自若地幽默一下，恰当地运用几句"俏皮话"，往往能起到"四两拨千斤"的效果。

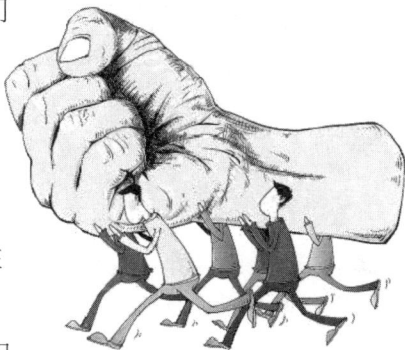

在生活中，灵活地发挥俏皮话的作用需要有非常好的临场发挥能力。临场发挥是一种应对方式，更是一种智慧，它需要我们有冷静的头脑，保持从容镇定，不慌不忙。在各种晚会、文艺演出中，许多主持人、演员能够临场应变，妙语惊人，用俏皮话不仅使晚会现场的欢乐气氛达到高潮，也赢得了观众的喜爱。

幽默沟通技巧

幽默的俏皮话不仅能够使我们巧妙得体地避开尴尬的境况，还能让我们更具亲和力。为此，我们也应该学会在合适的场合，恰当地运用一些俏皮话和小幽默来为自己加分，拉近自己与他人的距离，赢取他人的好感。

四、孟非（2）：一唱一和，来段双簧

"双簧"作为曲艺艺术的一种表现形式，广受大家的喜爱。在表演中，它主要由两个人互相配合，一人化妆在前，表演动作和口型；另一人藏在身后进行说唱。在两个人一演一唱、一前一后的默契配合中，制造笑料，让观众发笑。

其实，在现实生活中如果两人配合默契，就能将"双簧"演绎得精妙绝伦，妙趣横生。而在演"双簧"的过程中，和谐、统一是非常重要的，否则将收不到良好的效果。

在某期《非诚勿扰》中，迎来了一位帅气的空少。当谈到心仪的女生时，空少说："我喜欢那种外表朴素、性格随和的女生，很期待有朝一日能够和心爱的人去法国的普罗旺斯感受薰衣草的味道。我最讨厌那种不听解释、不接电话、不回短信，甚至关机的女生。"

乐嘉听完，说道："这种女孩就是作，你持续不断地找她就可以解决了。"而孟非却并不认同，说："你就当她消失了，收到短信的一定是你。"接着乐嘉又回应道："你听孟非的，你会一辈子打光棍！"孟非也不甘示弱地回应道："你听乐嘉的，一辈子抬不起头！"乐嘉又紧逼空少："要抬头还是要老婆？"两个人互不相让的"争执"一时让现场的欢乐气氛达到高潮。

在生活中，演双簧就是通过两个人的一唱一和来展开话题，娱乐他人。乐嘉和孟非俩人激烈"争执"，步步紧逼空少做出定夺，正是他们两人的默契配合，一唱一和地将节目推向了高潮，同时也巧妙地向空少暗示了以后遇到这种情况的应对方法。

在江苏卫视的《最强大脑》中，孟非和另一位名人曾担任观察员，他在节目中的表现相当抢眼，幽默互动让原本气氛凝重的挑战赛变得欢乐异常，甚至一度把《最强大脑》变成了"相声"舞台。

在某期节目中，当主持人问观察员为什么要给选手打高分时，观察员则非常直接地表示："我为什么要莫名其妙地得罪别人呢？"接着，主持人追问其打分的尺度是什么，观察员则"一脸无辜"地说："完全没有尺度。"此时孟非继续"落井下石"道："他倒是没有说谎，没有尺度就是他的尺度。"两个人的幽默将现场观众逗得捧腹大笑。

孟非的幽默互动给节目增添了许多乐趣，淡化了比赛的凝重氛围，使比赛现场变得轻松欢乐。由此可见，配合巧妙的双簧能给人带来更多的欢笑。

每个人都喜欢愉快欢乐的氛围，在适当的场合运用一下幽默，不仅能够活跃现场气氛，更能让自己成为现场的焦点，何乐而不为呢？

此外，在人际交往、谈判交涉等境况中，双簧也经常被应用。深谙处世之道的人能够巧妙地运用双簧等一唱一和的方法迷惑对方。一人演白脸，给对方施加压力，然后再由红脸打圆场，给对方一个台阶，最终获得令人满意的效果。

比如，在谈判中我们经常可以听到一方的谈判人员这样进行对话："小赵，今天上午的谈判你怎么那么别扭？我方不能同意他们的条件。""李总，我认为他们说得有点道理，如果我们同意了……"

在这种情况下，同一方的代表表面上似乎站在了对方的立场上，并向同伴建议做出让步。其实这种情况多是两个人在演双簧：事先决定让其中一人采取强硬的态度，到了适当的时机再由另一个同伴提出折中的方案；可是那位"强硬分子"却仍做出一种强硬的姿态，表示非常不愿意。最后，经过同伴的反复劝说才勉强同意。当然，此时对方得到了这个"好不容易"才到手的让步，自然会对最后来之不易的成功倍加珍惜。

幽默沟通技巧

双簧不仅可以使谈话氛围欢乐融洽，而且也是一种高超的处事技巧。因此，在生活中，不妨多学一学双簧的处世之道吧！

五、崔永元（1）：即兴幽默味道更纯正

很多电视节目主持人并没有夸张的肢体语言，他们只是通过自己的幽默细胞将每一句话变成快乐的元素传递给大众，就能让观众忍俊不禁。被大家都亲切地称之为"小崔"的著名主持人崔永元的幽默总是让人回味无穷。

某年春节期间，中央电视台新闻评论部的"名嘴""名记"们搞了一场内部的小型联欢会。

在联欢会上，大家推荐崔永元等人表演一个小品，小崔也不含糊，扮作"新娘"登场。担当"新郎"一角的是新闻评论部主任。出人意料的是，这个"新娘"手里比别的新娘多了一个小宝宝。

于是，主持人白岩松就在大家的授意下前去采访"新娘"崔永元："请问新娘为什么带个孩子？生孩子的感觉怎么样？""新娘"崔永元假装不解地反问白岩松："难道你不知道吗？"白岩松老老实实地回答："不知道。""新娘"崔永元又问："你真的不知道吗？"白岩松再次肯定地回答："不知道。"这时，"新娘"崔永元一脸坏笑地说破了谜底："生孩子的感觉是——痛并快乐着!"

台下观众顿时哈哈大笑，并报以热烈的掌声。

原来，"痛并快乐着"正是白岩松新出版的一本书的名字。

引起观众们大笑的，正是小崔的机智幽默。这位"邻居大妈的儿子"，总是"用老百姓的话说出并不简单的道理"。他幽默诙谐的禀性、真诚善良的态度、机智灵活的控场能力得到了观众的认可，赢得了人们的喜爱。

他的幽默随口就来，在不露声色中引导着谈话的方向，既表达了自己的价值取向，又化解了尴尬和紧张。他努力让观众看到一个真实、没有距离感的主持人，他甚至要求编辑把在录制节目中自己的"结巴"和"尴尬"保留在播出带中。

崔永元的机智幽默人所共知，在化解尴尬方面也有着自己的高招。

小伙子："崔哥，你的《实话实说》怎么没有过去好看了？"

崔永元："不错，我也觉得没有过去好看，我们有责任，不过主要责任在你。小伙子，你结婚没？"

小伙子："没有"。

崔永元："我告诉你，结婚的感觉和恋爱的感觉是不一样的。"

这样的问题是很尖锐的，但也是很诚恳的，所以崔永元先承认这一点，同时用一个"恋爱和结婚"的恰当比喻巧妙地将节目的好看与否和观众的欣赏角度也是有关系的这个道理表达出来，比喻贴切，回答诙谐。

> **幽默沟通技巧**
>
> 幽默不仅能让人开心，还可以化解尴尬，也是巧妙回答很多尖锐问题的好方法。但是这些尴尬场景和尖锐问题都是突发状况，所以我们必须学会随机应变，用即兴幽默来应对。

六、崔永元（2）：冷幽默，令人回味无穷

在主持《实话实说》时，崔永元很善于引导。他既能让话题像小鸟一样从这个枝头飞到另一个枝头，又能像放风筝那样攥紧那根牵引话题的线，放得开，收得拢；既能让嘉宾和现场观众畅所欲言，一吐为快，又能让他们自始至终都不跑题。

由于《实话实说》这个节目从不排练，有时现场嘉宾过于激动或紧张，往往谈着谈着，就会出现语速太快以至于别人听不清，或者词不达意别人听不懂的情况。这时，主持人崔永元会通过恰当的提示，帮助对方理清思路，更好地表达出其真实想法。

崔永元："那您说说，养鸟有什么乐趣？"

皮来顺："作为老年人来说，可以锻炼身体，它催人起早，天明则叫。"

崔永元："您说的情况，我听着像养鸡。"

一句诙谐的提示，十分委婉而巧妙地点出对方养鸟目的的可笑，是善意的调侃，亦是委婉的批评。

表面上看，崔永元主持节目时往往作壁上观，扮演"坐山观虎斗"的角色，其实他常常暗度陈仓悄悄将自己的观点"隐匿"在旁敲侧击的提示中。

崔永元："你岁数不小了，为什么还没考虑婚姻大事？"

男士："因为我的朋友跟我说，婚姻是爱情的坟墓，他们说，结婚没意思，不如单身自由，无忧无虑。"

崔永元："你朋友都这么说？"

男士："对，都这么说。"

崔永元："看来，你该换一换朋友了。"

崔永元这句"含沙射影"的提示，引起现场观众的哄堂大笑，笑声是对这位缺乏主见的男士善意的揶揄和友好的规劝。

崔永元成名后，有人认为崔永元天生就幽默，是个地道的侃爷，对此，保持头脑冷静的崔永元一再声称："其实，我是个沉默寡言的人，我并不会出口成章。"可是，为什么主持节目时，他总能左右逢源，得心应"口"呢？为什么即兴发挥时，他总是能转危为安，游刃有余呢？也许，他说的这句话对我们不无启示。他说："生活中不是缺少幽默，而是缺少发现幽默的眼睛。"

"问渠哪得清如许，为有源头活水来"，只有根植于生活的沃土中，口才之花才会常开不败。在我们学会从容不迫侃侃而谈之前，应先学会热爱生活、观察生活。

七、汪涵：意料之外，"策神"的无厘头式幽默

戴着黑框眼镜，留着小黑胡子，个头不高，精通各种方言，笑话脱口而出，这就是汪涵，一个有型有款的快乐主持人。常看湖南卫视的人们，对这位主持人一定会印象深刻。

在湖南，人们给他封了个外号"策神"，"策"这个字用汪涵自己的话来说就是"侃大山、聊天，是一种幽默的自嘲，善意的讽刺"，"策神"也就是能说会道的人。在舞台上，汪涵并没有哗众取宠，也不抢镜头，他所有的智慧都深藏在那副标志性的黑眼镜后面，那里有的是机智，有的是幽默。

成名后，观众自然注意到了他的黑眼镜。汪涵拿自己的眼镜打趣："黑夜给了我们黑色的眼睛，我们却用它去戴博士伦。"

汪涵曾说希望家有"鲜"妻。他说："我希望她每个礼拜七天都换不同的衣服，让我觉得自己有七个老婆。还有一个'鲜'就是思想上的鲜，要聊得来，咱不能一个人进步是不是？杨乐乐非常爱学习，今天就跟杨老师学跳舞去了。"

经过婚姻波折的汪涵对婚姻更有发言权，他说过："很多人认为男人累了才会想结婚，但对我而言，男人只有在想让自己心里的力量变得更强大时才想结婚。"他还说过："很多人说婚姻是爱情的坟墓，但是能够入土为安的爱情总比暴尸街头要好。"

汪涵身高一米七四，长着一张娃娃脸，在星光灿烂的舞台上，他的外表并不出众。

在接受《新京报》采访时，记者提到，该报纸评选年度最美50人，汪涵进了10强，还挨着舒淇。

汪涵说："真的吗？你们没把这个结果告诉舒淇吧，我还真是挺喜欢她的，

我觉得她要是知道了这个消息应该会挺难过的，我不想看她难过的样子。"

记者说："我们认为你其实也是代表了另外一种美的。"

汪涵回答："你这句'代表了另外一种美'，本身就挺让人深思的啊！我前面是舒淇，后面是谁啊？我觉得你们榜单的人选一定是此起彼伏的。"

他也很喜欢自嘲，大帅哥陆毅做他的节目嘉宾的时候，汪涵自嘲："据我观察，长得帅的男人都说自己长得不帅，所以我觉得自己长得不帅。"

> **幽默沟通技巧**
>
> 汪涵的幽默总是在人意料之外，给人无厘头的感觉，却颇受观众喜爱。他的幽默之道就在于他精通天文地理又善于自嘲。

八、何炅：用幽默驾驭快乐的小个子

英国作家萧伯纳认为："幽默的定义是不能下的，这是使人发笑的一种主要的元素。"艺术大师卓别林则说："幽默，就是在我们看来是正常的行为中觉察出的细微的差别。通过幽默，我们在貌似正常的现象中看出了不正常的现象，在貌似重要的事物中看出了不重要的事物。"

幽默是一种高级的语言艺术，它与人各方面的素质是紧密相连的，尤其是在语言的运用上。幽默是思想、学识、智慧、灵感、教养、道德等各方面高水准的结合。幽默是主体看到了事物的可笑之处又能巧妙地表达出来的一种艺术。

有一天，一个叫"5566"的娱乐组合来参加节目，这个组合之前是5个人，后来变成了4个人。

何炅在结束环节做介绍时，一不小心说错了，他这样说："我们对这5个大男生（被众人打断）……"

其他主持纠正道："是4个！"

何炅做无辜状，无奈地说："你们不知道我

也加入'5566'了吗？"

现场一阵笑声，何炅用自己的幽默机智成功"化险为夷"。

遇到尴尬，想巧妙化解，幽默不失为一种好的方法。幽默虽隐含着引人发笑的成分，但它却不是油腔滑调的故弄玄虚或矫揉造作的插科打诨。但凡有幽默感的人，都不乏文化教养和品格修养，而一个不学无术的人是不会有幽默感的，只会说一些肤浅、低级的笑话，博取人们轻蔑的笑声。

真正的幽默，一定是以健康文雅为基调，轻松高兴的气氛和情感去揭示深入、严正、抽象的道理，使情趣与哲理达到协调统一。

在一期《快乐大本营》上，大家谈论做艺人遇到的尴尬事。

何炅问谢娜："娜娜，你遇到过的什么事是你觉得最尴尬的？"

谢娜很自恋地说："就是在国外啊，好多外国朋友找我签名，说好爱我，我就觉得特别尴尬。"

众人无语，数秒后，何炅说："你是觉得我们都不相信才尴尬吧？"

众人捧腹大笑。

幽默多是三言两语，轻描淡写，它既不像小说那样有完整的构造和波折的情节，又不像笑剧那样有激烈的抵触冲突，但它具有一种特别的穿透力，有"秤砣虽小压千斤"的力度和"片言明百句，坐役驰万里"的广度，让人忍俊不禁之时，又有所深思。

> **幽默沟通技巧**
>
> 何炅在《快乐大本营》已经陪伴观众21年之久，这在综艺节目中绝对是个奇迹，而节目传达出的快乐绝对是节目经久不衰的一个原因。何炅和其他主持人用幽默的语言和搞笑的节目情节给千家万户的周末生活带来了无穷的快乐。

九、黄西：幽默有国界，冷幽默也是制胜之宝

2009年，一个名叫黄西的华人在美国《大卫·莱特曼秀》上表演脱口秀，从此一炮而红。

黄西的脱口秀以移民题材为主，他的英文中带有浓重的中国口音，因此

他的脱口秀完全不同于美国人的口水滔滔，而具有另外一种喜剧的魅力——全部是最简单的字词，配合以木讷的表情和僵硬的动作，讲那种需要动脑筋才能理解的冷幽默。最别致的是，他是采取停顿和沉默的方式来控制观众，让他们在这个间歇想明白笑话的意思，或者这种无言的沉默本身也成为表演的一部分。人们为了沉默而大笑，这是喜剧大师才有的能力。

在 2010 年的 3 月，黄西接受邀请在美国广播电视记者年会表演脱口秀，这次他需要面对的是最挑剔、最难对付的一群人：副总统、国会议员、最高法院的法官和记者。

因此，为了这次的表演，黄西花了好几个月的时间来准备，尽管奥巴马临时缺席，黄西在表演时还是调侃了奥巴马和在场的副总统拜登，讽刺奥巴马发动了两次战争还获得了诺贝尔和平奖，笑称拜登不如自传里的形象好。十五分钟的表演趣味横生，妙语迭出的双关和富有文化内涵的段子让听众捧腹大笑。他说："儿子有时候问我，'为什么我要学习两种语言？'我告诉他：'儿子，当你成为美国总统的时候，你需要用英文来签署法律文件，用中文跟你的债主掰扯。'"

黄西就是凭借着自己独有的"黄式"幽默，成为全美戏剧节脱口秀比赛的冠军。喜剧中心频道与众多电视广告的韩裔搞笑艺人艾米安德森也表示，当前在美国全国性搞笑圈活跃的亚裔搞笑艺人多是韩裔，华裔屈指可数，"也许华人个性较韩国人来说还是比较严肃的"。认识黄西的她表示，以黄西的新人之姿，表现确实有趣。

有些人可能会认为，幽默感是与生俱来的。只有天生有幽默感的人，才能妙语连珠；而那些没有幽默感的人，只能一辈子做个"闷葫芦"。这种观点自然是错误的，黄西的幽默感并不是天生的，而是后天的家庭氛围所影响的，因为他的父母在生活中也是具有幽默感的人。只要掌握了一定的幽默技巧，你在人际交往中也同样可以做到如鱼得水。

幽默沟通技巧

在使用幽默技巧的时候，不仅需要语言的技巧，还需要表情和动作的相互配合，甚至一个木讷的表情，也会使你的幽默语言锦上添花。

十、撒贝宁：幽默风趣，谑而不虐

撒贝宁因为主持了中央电视台的节目《今日说法》而红遍了大江南北，其风格严肃镇定，但是他在主持央视的全新娱乐节目《我们有一套》时风格却是幽默风趣，颇受好评。

接下来，他又跨界主持《开讲啦》，严肃中不乏幽默，平实的叙述中"包袱"迭出，使场内外笑声不断，实乃主持界的大腕。

2012 年 11 月 19 日，央视《梦想合唱团》第二季开播盛典在京举行。当晚的节目由撒贝宁、董卿和"加油大使"林志玲三人一起主持。在现场，身为"加油大使"的林志玲不惜为八组队员打气，她连续三声娇嗲地大喊："志玲姐姐给你们加油！"

幽默风趣的撒贝宁趁机调侃道："美女，你加的是 98 号汽油吧？"一句话，笑翻了全场。随后，撒贝宁还在台上调侃林志玲"嗲功深厚"，在林志玲演唱了一首《带我飞》之后，广州队一个 18 岁姑娘用娇弱的童声称赞林志玲并请求拥抱，这时，撒贝宁又不失时机地打趣道："你确定不是模仿志玲？"逗乐了在场的所有观众。

撒贝宁作为央视公认的名嘴，却也具有邻家男孩的幽默特质，在别人遇到窘境的时候，他会非常幽默地帮人打圆场。

有一次，林丹在《开讲啦》节目中进行演讲，由于十分紧张，林丹在演讲时来回踱着步子，导致现场气氛一度冷掉。林丹处于尴尬的情形中，这时撒贝宁模仿他的样子走来走去，说："运动员就是不一样，随时在准备对抗的状态。"

他的这句话让全场爆笑，从而缓和了局面，消除了林丹的尴尬。

撒贝宁说过："做节目的时候，我始终都是发自内心的真诚。我在这些节目里展现的是自己不同的状态，但都是最真实的我。"相信在撒贝宁幽默的话语中，即使是对他不熟悉的人也会很快被他吸引。撒贝宁正是通过严肃和幽默的两面性征服了越来越多的观众。

> 撒贝宁凭借着自己独有的幽默风趣、巧妙得体、谑而不虐的主持风格吸引了无数观众。在平时的人际交往中，不妨学习一下撒贝宁的幽默技巧，相信也会为你赢得更多的人心。

十一、李咏：嬉笑怒骂，挥洒幽默本色

拥有一张无法被复制的大长脸，一头长长、乱乱的头发，腿好像永远伸不直，说话总是一副油腔滑调的样子，在众人眼中他绝对是一个"另类"，就是在人堆里很扎眼的那类人。

他在主持节目时总是活泼搞笑，甚至是恶搞，节目气氛永远被调动到极点，甚至几近爆棚。他有着非常好的心态，总是会拿自己的长相自嘲；他想要自己不会被取代，于是总会嬉笑怒骂坚持本色。因为他有着机敏的反应和高超的说话技巧，总是可以就地取材、即兴发挥。

他就是主持《非常6+1》《幸运52》《咏乐汇》等娱乐性很强的节目的李咏。娱乐节目自然要营造很快乐的气氛，这一点就得益于李咏的搞笑本领。

一般来说，娱乐节目都有一个很重要且共同的特点，那就是娱乐。但是真正的娱乐并不只是简单地把观众逗笑，而是要让观众成为娱乐节目的主角，让节目和观众真正互动起来，这才能真正体现出娱乐的本质。而在李咏主持的节目中，观众真正实现了与节目、主持人的互动，最明显的表现就是，观众敢于拿主持人开涮。这一点充分表明观众的心态是极其放松的。

李咏主持的《非常6+1》主要的搞笑环节是在电话互动阶段。有一天，在电话接通后，李咏即兴来了一段："你好，我是电信公司的技术人员，我想测试一下你的线路是不是畅通。"对方沉默了，没有任何回答。

李咏赶紧变招："现在我问你一个问题，如果你答对了，就会有奖品，准备好了吗？请问你，8与10之间的数字是几？""9！"

李咏喊道："恭喜你答对了。"对方还是沉默。李咏只得自我介绍道："喂，你好，我是……"

话未说完，对方马上说道："中央电视台《非常6＋1》节目主持人李咏！"

"啊呀，听出来了？"

"早听出来了，你一说话就听出来了，我不出声是想看看你会搞什么鬼。"（台下一阵大笑）

"为什么呀？"

"都是被女朋友逼的！她老拿我跟你做比较，说你才是她的理想对象，所以我特希望跟你通个电话，能沾上你的一点仙气。"（又是一阵大笑）

李咏眉飞色舞，问道："请问一下啊，你女朋友怎么拿你和我做比较？"

"我女朋友老说我长得丑，不像李咏你那样，虽然丑，但是丑得有特点……"

不管是李咏的装腔作势还是装模作样，都可以让观众体会到他的搞笑和真性情，这也是他保持观众情绪、调动观众情绪的一种手段。有故意装腔作势的冒充、有被识破后的不好意思、有被开涮后的无奈，或许开头的冒充是事先的策划，但后面的反应基本上都是一种本能的真实反应。这样的反应也让观众感觉到了主持人的可亲，很容易拉近彼此的距离，让气氛更加融洽。

当我们觉得生活越来越充斥着面具的时候，对于生活唯一的要求，或许就是"真"——真人、真实、真正的快乐。而李咏正是顺应了这样的需求，所以，他必然会取得成功。真实、本色、亲切就应该是李咏成功的最大秘诀。对此，李咏也有着清醒的认识。

幽默沟通技巧

一个人的本色是口才的源头，因为口才展现的就是一个人的本色、真性情。一个人的口才会综合一个人的思想、性格、爱好、立场等诸多因素，这些因素都会渗透在口才中，说出来的话也就展现了这一切，而幽默的口才会为你的人际关系锦上添花。

　　一个人的幽默能力，和他的知识储备、生活经验、人生阅历都有着很大的关系。只有知识储备和阅历积累到了一定程度，才能在自己毫无准备的情况下妙语连珠、引人发笑、避免尴尬。

　　幽默感是可以培养的，如果你现在不善言辞、不苟言笑，没关系，本章就教你一些充满智慧的幽默技巧，让你一改在人们心中呆板木讷、不善沟通的形象。

第二章

智慧幽默技巧，3分钟练就幽默达人

一、妙用类比——打破常规，妙趣横生

有一种最常用的幽默技巧，称之为类比式幽默，这种幽默能使人在会心一笑或者感觉难堪的情况下心智大开、顿时领悟。这种技巧是把两种或者两种以上互不相干甚至是完全相反的事物硬生生地凑在一起，进行对照和比较，通过借助不伦不类的效果揭示其差异，中间产生的不协调性恰恰能产生强烈的幽默韵味。

这和我们平时生活中的一般认知正好相悖，我们的日常生活是用相同的分类标准，不会造成概念的混乱。我们从小接受的思维模式也是这样，要按某个标准来分类，比如，猪、狗、猫都属于动物，把玉米、石头和它们并列在一起，就显得不伦不类，这是一般思维，也是科学道理，这种分类没有错，但它并不幽默。我们要学的是幽默，就要打破常规，要将它们糅合在一起，如此才能产生幽默效果。

一次，作家刘绍棠到某大学演讲时，对于学生提出的各种问题，他都做了坦率的解答。

这时，一位女学生递上一张纸条，上面写道："既然文学要真实地反映社会生活，那你为什么总唱赞歌，不唱悲歌呢？难道社会没有阴暗面吗？"

读完这一尖锐问题，刘绍棠想了一下，便问那位女生："你喜欢照相吗？"

女生直点头，刘绍棠接着反问道："你脸有光滑漂亮的时候，也有长痘痘不干净的时候，那你为什么不在脸上生痘痘的时候去照相呢？"这一问，引得周围的人都情不自禁地笑了。

对于女学生提出的颇有难度的问题，刘绍棠没有急于反驳，而是提出一个对方感兴趣的问题，再进行反问，把文学作品的表达与年轻人的照相巧做类比，在言简意赅和风趣诙谐中把自己的观点寓于类比之中，让人豁然开

朗,印象深刻。

类比式幽默很好操作,但前提是需要有一定的智慧,否则就达不到幽默效果。

加拿大外交官朗宁,出生于湖北襄阳,是喝中国人的奶水长大的。他在竞选省议员时,反对者们多次诋毁他说:"你是喝中国人的奶水长大的,你身上一定有中国人的血统。"

朗宁坦然地驳斥道:"你们也喝过牛奶,是不是说你们身上一定也有牛的血统呢?"朗宁的话音一落,听众立即报以热烈的掌声。

朗宁在这次竞选中大获全胜,如愿以偿地当上了省议会议员。

在上面的故事中,朗宁由反对者的"喝中国人的奶水长大就有中国人的血统"推理到"喝牛奶长大就有牛的血统",成功地驳斥了反对者,用的就是一种类比的幽默方法。

仔细观察这种幽默就会发现,类比式幽默的效果是通过比较产生的,正是因为这种比较,别人才能发现其中的差异,也会愿意去接受之前所不认同的事物。

幽默沟通技巧

在类比幽默中,所比较的事物差异越突出,对比的时机越恰当,对比双方的不协调性越明显,别人对这种类比的印象就会越深刻。当然,所达到的幽默效果就会越好,幽默意境也会更深远。

二、反问手法——只问不答,反诘进攻

幽默的言辞离不开好的口才,反问就是只问不答,是用疑问的形式来表达某种确定意思的交谈技巧。不答,并非不知道答案无法回答,而是答案很明显不需要回答;只问,是因为问的方式能够把确定的意思表达得更鲜明、更强烈。

通过只问不答的方式来进行反诘进攻,往往比正面回答更有力量,更能表达清楚你的真实意图,也更具有强烈的批判和讽刺作用。很多时候,还可以通过反诘转守为攻,造成心理上的优势和咄咄逼人的气势,而且更容易置

对方于被动的地位。

弗雷德里克·埃德温·史密斯是英国律师和保守派政治家。

在就任代理监察长期间，埃德温惹怒了伦敦某俱乐部的主顾们。因为他不是该俱乐部的成员，却经常在去议院的途中停下来使用俱乐部的卫生设备，这使得对他没有好感的成员十分不快，他们要求管理人员制止这种"掠夺"。

一天，埃德温又若无其事地走进了该俱乐部的卫生间，马上跟进来一个侍者。他提醒埃德温注意该俱乐部有只对内部成员开放的规定。"哦，"埃德温随口说道，"厕所也是俱乐部吗？"

"厕所也是俱乐部吗？"埃德温的这个反问不仅制造了幽默，也回击了侍者的责难。由上例来看，反问法往往是后发制人。

这种反问方式，不仅要求能说，而且要求会听，能够抓住机会提出各种问题向对手进行连环式反击，令对方无法招架而步步败退，从而一举赢得胜利。有意识地通过提问来使对方落入自己设计的圈套，从而迫使对方承认或否认某种言行，达到己方目的。在西方法庭上，律师与对方被告人或证人质辩时，这种方式是很常见的。

其实，反问幽默有时候会带来意想不到的效果，那种幽默是你用其他方式回答所无法取代的。

2012年诺贝尔文学奖得主、中国作家莫言赴瑞典名校斯德哥尔摩大学，与研究者、译者和读者们就自己的作品进行交流。

在活动的最后，一位身穿白衣的男生站起来提问，逗得全场哄堂大笑。

"我的问题是，莫言老师您幸福吗？幸福的源泉是什么？我们该采取怎样的方式获取幸福？"

莫言也被这个问题逗乐了，他随即反问道："你是中央电视台的吗？"

全场大笑。

随后，莫言说："我起码今天很幸福，因为有这么多的读者来听我讲话。看到这么多年轻的脸上高兴的笑容，让我感到很幸福。"

如果莫言没有那句反问，只回答自己幸福或者不幸福，肯定效果平平，绝对达不到反问一句所带来的幽默效果。

> **幽默沟通技巧**
>
> 反问幽默的精髓就是针对对方思想及观点中的破绽，提出一个针锋相对的问题，由于这类问题的提出往往出人意料，所以产生了强烈的幽默效果。以反问幽默法反问诘难、后发制人是一种有效折服对方的方法，并且屡见奇效。

三、巧用重复——异曲谱写同工之妙

对于幽默来说，它的组成元素可谓丰富多彩，一句话、一个动作、一个表情都会带来幽默的效果。语言是生活学习中最常用到的、也是能最直白表达幽默的元素。一百多年前，曾获诺贝尔文学奖的法国哲学家伯格森就提出："重复也是一种幽默手段的说法。"

我们这里强调的重复并非思想和行动中的重复，而是语言的重复，包括文字的重复、语音的重复和句型、句式的重复。这种重复技巧如果运用得当，能够让我们的幽默锦上添花、别具韵味。

一个刚毕业的大学生到某单位应聘，单位主管让他做自我介绍，于是他不假思索地就开始说："大一的时候，我差一点儿就考了第一名。大二的时候，我差一点儿当选学生会主席。大三的时候，我差一点儿提前毕业……"

"不要说了，不要说了，"主管打断了他，幽默地说："大四的时候，我差一点儿就录用了你！"

这个幽默案例一共重复了四次"差一点儿"，尤其是最后主管借用了大学生重复说的"差一点儿"，以相似的措辞委婉地拒绝了这个没有经验的应聘者。

在"传统相声名段《卖布头》中有这样几句吆喝词:

"（这白布）买到您家里就做被里去吧，它是经洗又经晒，经铺又经盖，经拉又经拽，经蹬又经踹。"

听完这个吆喝，不禁让人叹服老北京人那种幽默风趣的创造力。如果只是单纯地吆喝"卖白布喽""卖便宜耐用的白布"这种方式，绝对达不到上面那几句吆喝词的效果。这通吆喝，既有句型上的重复，又有文字上的重复，还有语音上的重复，读起来不但通畅，还能让人们轻轻松松地记住。

值得注意的是，单纯的重复不足以制造幽默，只有多重技巧的共同运用，才可以带来幽默效果。

幽默沟通技巧

　　重复意味着"同"，不同意味着"异"，重复之所以能制造幽默，根本原因是这"同""异"的相互配合，重复的本身又有不同的内涵蕴含其中，重复的是外表，不同的是内涵。

四、一语双关——表面说一，暗中说二

直率的人通常都是有一说一、有二说二，从来不会拐弯抹角，这样的坦率值得称赞，但有的场合不适合直言不讳，此时不妨通过一语双关、话中有话来婉转表达，不仅能曲径通幽，甚至能出"言"制胜、回味无穷。

双关是利用语意相关或语音相似的特点，使语句具有双重意义，造成言在此而意在彼的效果。善用双关语，能曲折地表达思想感情，使语意含蓄，也使语言幽默诙谐。双关具有一箭双雕的特点，在文章中或说话时是一种幽默机智的沟通方式。只要用心观察，就会发现日常生活中有不少具有创意的双关语。

中国古代的一则笑话充分展示了一语双关的强烈语言效果。

有一对夫妻急于生一个儿子，头一胎生的是女儿，第二胎生的又是女儿，他们便取名为"招弟"。等到再生下一个孩子时，发现又是女儿，便取名为"再招"。让他们感到失望的是，他们后来又生下了一个女儿，但他们仍不死心，取名为"又招"。结果，第四个孩子还是女儿，他们只能认命，给女儿取名为"绝招"。

在这里，"绝招"有两个意思，一是指"终止再招"，二是指"拿手好戏"。这两个意思在"绝招"上同时并存，又相互冲突，由此形成了强烈的幽默效果。"终止再招"有认输的含义，而"绝招"又恰恰是得意之作，拿手好戏，有"制胜"的意味，两个含义结合在一起，便使这一词语具有了反语色彩，突出了重男轻女者无可奈何的绝望心理。

双关语的特点是同一概念中包含着两种不同的意思。它与一般的偷换概念不同，在一般的偷换概念中，行文过程中被偷换的概念逐渐消失，而另一个概念成为主体，最终只有一个意思起作用。如：

甲："我求你一件事，你能为我保密吗？"
　　乙："当然可以。"
甲："近来我手头有点儿紧，你能借给我些钱吗？"
乙："不必担心，我就当没听见。"

这里乙的最后回答是把"借钱"的要求偷换为"保密"的要求。表面上他同意保密，而且在程度上还强化了——"没听见"，所以自然不会传播出去；但实际上他是对借钱的要求只当没有听见，因而是在表达不会借的意思。幽默的核心全在于此，原来的概念（借钱而不泄露出去）已经被排除掉了。

而一语双关则有异于此，有时两种概念最后并存。一语双关的幽默并不只为中国人所独有，外国人也常用此法。无论中外，往往都以同字异义词为媒介。

美国的心理学家赫伯·特鲁在与一些研究生交流时，常常感到需要用自我调侃的办法来缩短自己和年轻人之间的距离。因而他在演讲时，经常要主持会议者开开他的玩笑，他自己虽然看待自己的工作十分严肃，但却以轻松的态度来调侃自己的学位和头衔。

有一次给别人开会，他说："我有 degrees（学位），但是你们可别被它吓住了，温度计也有 degrees（度数）。"

这种幽默的特点在于巧妙运用词语的多种意思或者双关性等特点，通过借助特殊语言环境，把词语的针对性转向谈话的对方，一方面让对方觉察却没有把柄可抓，另一方面还能制造出幽默的效果。

> **幽默沟通技巧**
>
> 幽默感是与显而易见的刻薄不相容的，幽默家应该把对人的贬义淡化。一语双关提供了另一重语义，即把你的攻击锋芒掩盖起来，使你的智慧情感和人格得以升华。

五、形象比喻——含沙射影，借题发挥

每个人总会有难言之隐，一些事儿是不方便说出来的，然而偏偏有人要一再追问、苦苦相逼。此时，巧用幽默的比喻来道明心意，就能轻松化解尴尬的局面。有些比喻通俗易懂而又思想深刻，还能恰到好处地表情达意。

在一次庆祝会上，双方的总经理频频祝酒，除了说一些简单的客套话，没有其他话说，场面一时显得尴尬。

这时，一方的公关部主任站起来，就双方的合作进行了一番令人叫绝的介绍："各位朋友，我们两家公司，一家在海南，一家在河南，可以说是'南南合作'。各位知道，国际上的南南合作是世界经济发展的共同体，我们两家公司的'南南合作'，是联谊发展的姊妹连体。我们南南相助，南南相连，南南相合。现在，我可以告诉各位，我们这种'秦晋之好'的合作已结出了丰硕成果。今天正好是七月初七，喜鹊已把天桥架通，愿我们天天都在七月七中度过。"

这段演讲，一扫之前尴尬的气氛，巧妙地运用了"南南合作""姊妹连体"等比喻，生动地称赞了两家公司默契的合作，并对发展前景做了美好的

展望，语言幽默生动，寓意美好深刻。

有两个台湾观光团到日本伊豆半岛旅游，路况很糟，到处都是坑洞。其中一位导游连声抱歉，同车的游客依然怨声载道。

而另一位导游却诗意盎然地对游客说：诸位先生、女士，我们现在走的这条道路，正是赫赫有名的伊豆迷人酒窝大道。车上众游客也跟着大笑起来。

可见，比喻是制造幽默的重要方法，其主要功能是塑造语言的形象性。那些让人感到别致，出乎意料的比喻是制造幽默滑稽的最佳材料。

用比喻进行幽默要自然得体，不露痕迹，给人以天衣无缝之感，方可令人会心一笑。

> **幽默沟通技巧**
>
> 在我们的日常生活中，经常需要处理一些人与人之间的关系。巧妙地利用比喻，使用含沙射影的方法，避免尴尬，既保留了他人的面子，又能达到自己的目的。

六、词语别解——奇妙歪解，趣味横生

在解释某种事物时，抛开一本正经的方式，用似是而非的荒唐道理去解读，不仅能产生奇巧怪谲的谐趣，让人啼笑皆非、幽默顿生，而且对"歪"解读得越离谱，表达出的幽默韵味越浓厚。

在一次智力竞赛抢答时，主持人问："'三纲五常'中的'三纲'指的是什么？"一名女学生抢答道："臣为君纲，子为父纲，妻为夫纲。"

女学生的回答恰好把三者关系颠倒了，以致引起了哄堂大笑。当女学生意识到自己答错了以后，她并没有惊慌失措，而是立刻补充说："笑什么？我说的是新'三纲'。"主持人疑惑地问："怎样解释？"

女学生略一沉思，不慌不忙地说："现在，我们国家人民当家做主，是主人；而领导者，不管官有多大，都是人民

的勤务员，是公仆，岂不是'臣为君纲'吗？当前国家实行计划生育政策，一对夫妻只生一个孩子，这孩子成为父母言听计从的'小皇帝'，岂不是'子为父纲'吗？如今，已不只是'妇女能顶半边天'了。在许多家庭中，妻子的权力已远远超过了丈夫，'妻管严''模范丈夫'，已经成为空前的时尚，岂不是'妻为夫纲'吗？"

女学生真不愧为才女，她的巧思别解，实在是聪明机敏、妙趣横生。这样，也就难怪她的话音一落，便赢得了大家热烈的掌声。别解，能化尴尬、除危机，变不利为有利，是智慧和聪颖的体现。

有一位深受国人钦佩和爱戴的外交官。一次，他在总结外交经验时说："一个优秀的外交官，必须是一个老寡妇、一个老僧人、一个老贪官。"

人们一听，无不惊诧莫名。心道：优秀的外交官怎么能与那"寡妇""和尚""贪官"沾上边呢？

外交官解释道："老寡妇守业，是很吝啬的。外交官对国家主权也应该如此，决不能如阔公子、大少爷，乐于摆架子、充大方，把祖上的财产拱手送给别人。老僧人很有修养，其自制力都极强，对金钱、美女等一切诱惑都不会动心。外交官驻使国外，必须有此修养，才不会被收买。老贪官的特征是贪婪成性、贪得无厌。外交官对于知识情报、科技军事动态等都必须有热心追逐、孜孜以求的劲头，就像

贪官对于钱财的贪婪一样，唯其如此，才能获得知己知彼的功效，履行好自己的职责。"

原本是几句粗陋甚至俗不可耐的话语，但经过外交官这一别解，就变得耐人寻味、发人深省，并成为蕴含着丰富的实践经验和人生智慧的金玉良言了。

在我国，中华文化博大精深，尤其是古典文学的韵味最为浓厚，而古典书籍多为文言文，和我们的日常口语相差甚远，如果在语义或者文风上巧妙

地进行别解，就会使所言之处尽显幽默。当然前提是要有足够的智慧和知识储备，不然可能弄巧成拙。

赵本山、宋丹丹和崔永元在小品《昨天·今天·明天》中，巧妙曲解"秋波"，成为该小品的一大亮点。

崔永元："大妈呀，当时大叔他是怎么追的您？"

宋丹丹："他就是……主动和我接近，没事儿和我唠嗑，不是给我割草就是给我朗诵诗歌，还总找机会向我暗送秋波呢！"

崔永元："暗送秋波呢？"

赵本山："别瞎说，我记得我给你送过笔，送过桌，还给你家送过一口大黑锅，我啥时给你送秋波了？秋波是啥玩意儿？"

崔永元："秋波是青年男女……"

宋丹丹："秋波是啥玩意你咋都不懂呢？这么没文化呢！"

赵本山："啥呀？"

宋丹丹："秋波就是秋天的菠菜。"

幽默沟通技巧

在创造幽默的方法中，喜剧性效果最强的要算别解耳熟能详的词语、典故。众所周知，经典最是严肃，一旦被别解，与原意就会相差甚远，从而创造出的反差越大、幽默感越强的幽默。

七、断章取义——玩转文字，自圆其说

对于断章取义，我们都不会陌生。在学习、工作和生活中，断章取义绝对不是好的习惯，因为每一个独立的语句只有放在特殊的语境中，才会有比较明确、完整的意思。然而，断章取义也是幽默的一种技巧，只要你能玩转文字、自圆其说，这种技巧也会很有市场。

当前，有一些媒体每天都会将某个明星或者某个公众人物的话断章取义，制造噱头，以便产生轰动效应，从而吸引大众眼球。

有三个男人都怕妻子，但都不好意思承认。有一天三人聚在一起聊天。

甲说："我跟妻子最讲民主，如果我的意见和她相同，她便服从我，如果不一样，我便服从她。"

乙说："我跟妻子最讲平等，各管各的，我管理客厅、卧室、厨房，她管理我。"

丙说："我主张独裁，家中大事由我负责，小事由她负责。还好，结婚5年来，家里没发生过一件大事。"

生活中，我们常能听到类似断章取义的言语，只要在这上面稍做文章，就能巧妙地制造出幽默。如果对方的话语带有恶意，你只要能够自圆其说，做出有利于自己的解释，便可委婉含蓄地反击对方的攻击。

一位著名人士，在机场办登机手续时拒绝排队，机场工作人员提醒他要排队时，他愤怒地叫嚷："什么？我也需要排队？你知道我是谁吗？"

那位聪明的工作人员马上对周围的人说："这位先生现在不知道自己是谁了，哪位朋友能帮帮他？"

周围的人听到工作人员的话都笑了。最后，那位知名人士在众人的注视下只好乖乖地去排队。

在日常生活中，断章取义是一种常用的幽默技巧，你可以根据自己的需要，视情境而定。如果断得巧妙，自然会博大家一笑。

幽默沟通技巧

生活中，不要随意断章取义，扭曲别人真正的意思。但如果将只言片语从整个语境或者句子中提取出来，能起到改善谈话氛围的作用，使之更加幽默，不妨一试。

八、巧用反语——正话反说，耐人寻味

反语是一种极端的拐弯抹角，一种彻底的迂回表达。人们的语言表达有着约定俗成的习惯性规则，在特定的情况下，人们出于表达的需要，会打破习惯的约束，反其道而行之，便形成了反语。

我们为了能更好地表达深刻的思想和激昂的情感，常常会运用反语这种修辞手法。在文学作品和日常生活中，适当地运用反语，可以因其独特的艺术魅力使语言变得更为深刻，富有感染力。可见，反语幽默、讽刺的作用是多么的重要。

正话反说的幽默手法，可以造成含蓄和耐人寻味的幽默意境，只要稍加运用，就能创造出让人回味无穷的反语幽默。

在一次电影活动中，导演问观众："你们对我拍的这部影片有什么看法？"

观众一致说道："很好！人们都说您拍的电影总能表达出观众之所想，非常符合观众的欣赏水准。"

导演问："既然你们都说这部影片很好，为什么片子还没放完，人已经走得差不多了呢？"

观众笑着答道："因为影片想要演什么，怎样结尾，我们早就料到了，这正好说明导演和观众'心有灵犀一点通'啊！"

正话反说式的幽默，非常适合运用到政治场合。当政治家们在发生尴尬、遭遇不好应付的事情时，就可以采用这种幽默方法，主动从事物的另一面入手，转换其思维方式，另辟蹊径，这样不仅可以化解尴尬，还可以就此表达自己的真正意愿。

这种政治幽默在社交场合也可使用，不但不会显得庸俗、损害你的形象，反而能恰当地表现出风度、素养，赢得对方的好感，让人在忍俊不禁的同时领会你话语中的真正含义。

反语幽默既可以作为沟通手段，拉近彼此距离，也可以成为一种反击手段。

比如你到餐馆吃饭，每盘分量都很少，你根本吃不饱。这时不妨和老板建议："你家的菜肴很合我口味，只是盘子太大了！"

这样提出建议，听起来客气，可实际上却暗藏锋芒，带有很强的针对性，讽刺效果也很强。

不过，正因为反语幽默的针对性过强，我们更要注意分寸，要准确地把握对方的心境和实际情况，不能说得太过火。如果在这一点上粗心大意，那不但幽默不起来，而且可能冒犯对方，把双方关系弄僵。

反语是语言艺术中的迂回技巧，是更为极端的迂回技巧。正话反说便是以彻底的委婉和欲擒故纵，取得合适的发话角度，达到比直言陈说更为有效的说服效果。

幽默沟通技巧

说话是一种艺术，在生活中有许多人可以用正话反说或反话正说的方法把普通的事情说得生动幽默。

九、词语"混搭"——打破逻辑，出人意料

词语"混搭"的幽默是把看似不该搭配的语言文字"生硬地"凑到一起，其实这种幽默是说话者匠心独具的安排。这种语言组合非常出人意料，突破了正常思维、惯性思维，从而达到幽默的目的。就好似许多喜剧演员会把西装、短裤、拖鞋搭配在一起，看起来有点儿不伦不类，却会让人忍俊不禁。

一对大学生恋人在看完《泰坦尼克号》后，女大学生问她的男友："Jack怎么样？"

男大学生说："Jack很好啊！"

女大学生又问："你能不能像Jack一样为我牺牲？"

男大学生说："能！能！"

话刚说完，女大学生就说："你好狠心啊！你牺牲了，我怎么活？"

男大学生说："好，为了你我不牺牲。"

女大学生便说："你看你看，狐狸尾巴露出来了吧！"

男大学生脸涨得通红，觉得真是说不清楚啊！

同样的问题，另外一个男生的回答就很聪明。他是这样回答的："你要我牺牲，我就牺牲；你要我不牺牲，我就不牺牲。你要我牺牲了再活过来，我就再活过来；你要我活过来再牺牲过去，我就再牺牲过去。"

后面这位男生的回答很俏皮，他没有按照通常的逻辑去回答女友的问题，而是将女友的提问化作女友希望得到的回答，将球又踢给了女友，轻松完成了女生的考验。

方文山是周杰伦的御用词人，他笔下"中国风"的歌词都带有很强的混搭色彩，歌词中常常使用古诗词与流行音乐常用词汇进行"混搭"。比如，他写的《青花瓷》中，就有大量诸如"芭蕉""骤雨""仕女图"等词汇，这种戏剧性冲突反而能创造出新颖而优美的东西，使流行音乐带有一丝古典美与历史美。

其实，这种混搭同样可以运用到幽默中来。任何一个字、词都有其本身的含义，而要明确表达意愿，就要用心搭配。简单常见的词只要搭配合适，放置在合适的语境中，就可以创造出完美的句子。

当我们创造幽默语言时，也可以尝试突破原有的搭配方法，这样就可以使平淡无奇的句子，瞬间产生令人捧腹的幽默效果。

徐熙娣有一次去成都主持节目，她刚上台就大声说："成都的朋友们，我巴适（四川方言，意为"很好、舒服"），你们爱我吗？"

她这一句夹着不标准的四川方言的普通话，瞬间引来了观众的笑声，也点燃了观众的热情，拉近了她和观众的距离。

值得注意的是，尝试这种词汇混搭法，一定要注意分寸，千万不要不懂装懂，故意卖弄，这样听者虽然会发笑，但那笑中恐怕更多的是嘲笑。

幽默沟通技巧

将平平常常的词语、句子等，打破常规，突破原有的搭配方式，巧妙地"混搭"在一起，瞬间就会产生让人忍俊不禁的幽默效果。

十、自相矛盾——戏剧幽默，制造反差

"矛盾"这个词本源于《韩非子》中那位卖矛和盾的生意人，表示事物之间的强烈冲突，有很强的喜剧色彩。现实生活中，矛盾也是我们制造幽默的重要手段。

一次，国会议员通过了某个法案，而那个法案在马克·吐温看来是荒谬不合理的。于是，马克·吐温在报纸上刊登了一个告示，上面写着："国会议员有一半是浑蛋。"

报纸卖出后，许多抗议的电话随之而来，国会议员们当然不认为自己是浑蛋，要求马克·吐温立即更正。

于是，第二天马克·吐温又刊登了这样一个更正："我错了，国会议员有一半不是浑蛋。"

马克·吐温的话语看似前后矛盾，实际上只是他耍的语言花招而已。他的更正表述只在字面上加以否定，实际却表达了肯定的意思。前后两种表述方式虽截然相反，却都直接表明了自己的看法和态度，可谓一针见血。

这也难怪类似的"矛盾""此地无银三百两"式的故事经常被搬上舞台，且经久不衰，这种自相矛盾式的幽默，常常可以使被讽喻的对象为掩饰自己的纰漏而疲于奔命，又顾此失彼，笑料迭出。

曾有一位专门喜欢在细节上吹毛求疵的批评家指责马克·吐温说谎。马克·吐温回答说："假如你自己不会说谎，没有说谎的本领，对怎样说谎话的知识一点儿都不了解，你是怎样判断我是在说谎呢？"

由于自相矛盾的幽默有很强的表演性，所以利用此法幽默的最佳方式是实况展示。因此，喜剧作家往往根据生活素材，创造矛盾人物。

有一个故事是说一个嗜赌如命的赌徒为了从赌场上赢回输掉的钱财，熬更守夜，孤注一掷，最后连裤子都输掉了。这时候他才醒

悟过来，发誓戒赌。他用笔写上"坚决戒赌"四个字粘在床头。

一天，他的一位好朋友看到了床头这条
诫示后，嘲讽地问："你真的戒赌了吗？"赌
徒理直气壮地说："真的！"朋友说："我不信。"

"不信？"赌徒瞪着一双通红的眼睛，
大声说，"咱们赌三瓶二锅头！"

这里用自相矛盾的方式展示了幽默的
艺术，取得了鲜明、强烈的效果，让矛盾活了起来。矛盾若在不经意间产
生，更容易引人发笑。在运用自相矛盾的幽默时，一定要沉住气，平稳自然
的表达，会使幽默效果更佳。

在与人交谈时，通过让话语明显前后不一、自相矛盾，可以使前后互相
抵触形成巨大的反差，这首先会引起人们的震惊，但震惊之余，人们会纷纷
通过大笑来释放自己的情绪，从而形成幽默。

这是一种非常实用的幽默方法，自相矛盾，让对方摸不清你的虚实，只
得在一笑中将大事化小、小事化了。

> **幽默沟通技巧**
>
> 说话自相矛盾会让人觉得你在说谎，然而逻辑清晰的自相矛盾却是演讲家制造笑料的主要方法之一。为了使喜剧性更强，取得更好的幽默效果，还可以在矛盾对转以前把即将转化的矛盾加以强调，以混淆听众视听，这样使前后反差更巨大，幽默效果就会更好。

十一、偷换概念——由彼换此，偷梁换柱

关于偷换概念，维基百科里是这样解读的："偷换概念是蓄意改变谈话
中某些关键词概念的行为，偷换概念有时是为了在争论中求胜或占他人便
宜，有时则是用于修辞，或制造双关、幽默的效果。"

幽默是一种情感思维方法，它与人们通常的理性思维方法有相同之处，也
有不同之处。对于相同之处，人们不用细心钻研，就可以自发地掌握；而对于
不同之处，正是偷换概念、产生差异之处，这往往也是产生幽默的地方所在。

两个朋友在看足球赛，甲突然问乙："你说踢足球和打冰球，哪个门更难守？"

乙："要我说，什么门也没有后门难守！"

乙幽默地把球门这个具体、有形的门转移到"后门"这个无形、抽象的门上。幽默的形成，正是由于这种概念的转移。其实这正是幽默中的关键所在，正是对"门"的不同理解。一般来说，这个概念偷换得越隐蔽，差异越大，幽默的效果就会越强烈。

编辑："您的稿子我看过了，整体上可以，就是艺术上不够成熟，有一些幼稚。"

作者："没有关系，这样的话您就把它当作儿童读物吧！"

作者会利用概念转移的幽默方法把自己从困境中解脱出来，这样的回答不但有趣味，还有深刻的意味在里面，可以让对方去慢慢品味。因为被偷换成了"儿童文学"的概念以后，不但有含蓄自谦之意，还表现出豁达大度的气概。

案例中作者幽默的回答转移了概念的真正所指，打破了编辑原来的预期。预期的失落，产生了意外，这还不算幽默感的完成，幽默感的完成在于意外之后猛然发现：概念被偷换了道理居然也讲得通，而且是一种"歪通"，但正是这种"歪通"，显示了对方的机智，产生了奇妙的情趣。

概念被偷换得越离谱，所引起的意外震惊越强烈，概念之间的差距掩盖得越隐秘，发现越是自然，可接受性也越大。当然，单纯着眼于概念的转移，即使再巧妙，也可能缺乏深长的意味，徒然演变为滑稽的表演和单纯的搞笑。

真正的幽默一般都很深刻，想要制造幽默，就要找到那些意味深长的概念进行转移，这样不但给人以趣味的享受，还会给人以智慧的启迪。

幽默沟通技巧

偷换概念也可以作为制造幽默的一种技巧来使用，偷换概念式的幽默是通过将某些概念的内涵做大幅度的转移、转换，使对方的预期落空，进而产生意外的幽默效果。

十二、大词小用——错位使用，扩大差异

汉语的词汇是极为丰富的。词义的感情有褒有贬，色彩有庄有谐，范围有大有小，语意有轻有重。这些在运用时都应考虑周到，稍有疏忽就会出错。比如，当你在形容一件小事时，偏偏选用了表示范围大、语意重的词，就会造成大词小用。

大词小用是把一些意义比较"重""大"，一般只能用在反映大场合、大事件等语言环境中的词语放到同它不相称的小场合、小事情中去使用，同时使所述事物"升级"，小题大做，从而破坏平衡。

不过在一些语境当中，故意大词小用也能产生意想不到的幽默效果。而且这种幽默的应用范围极其广泛，即便你没有幽默细胞，也能运用这一方法轻松地幽默一下。

一次，朋友带着妻子和儿子来冯骥才家拜访，双方相谈甚欢。正谈话间，冯骥才突然发现，朋友的孩子穿着鞋子跳到了他雪白的床单上，可朋友和他的妻子并没有看见。冯骥才不忍床单被踩踏，连忙微笑着对朋友说："请把孩子带到地球上来吧。"经冯骥才提醒，朋友这才发现孩子闯了祸，连忙笑着说："好，我和他商量商量。"

孩子穿鞋跳到床单上，这是很让人抓狂的行为。不过，冯骥才没有表现出不满的言辞或情绪，因为这样可能会导致双方的尴尬。所以冯骥才玩了个大词小用的花招，把"地板"换成了"地球"，这样的话语所表达出的意味就大不相同了，那淘气的孩子似乎成了一个宇宙战士，他的鞋子和床单之间的矛盾就被淡化了许多，孩子的"新身份"成功地掩盖了一切。双方会心一笑，问题迎刃而解，谁都不会觉得尴尬。

有一次，郁达夫请朋友上饭馆吃饭。他害怕弄丢了钱，就把钱塞在了鞋垫底下。

饭毕，郁达夫大大方方地脱了鞋子，从鞋垫底下抽出几张钞票，准备去结账。朋友见到这一幕十分不解，疑惑地问："你这是？"

"哎！"郁达夫风趣地说，"这个东西过去一直在压迫我，现在也该轮到我压迫它了！"

把钱塞到鞋垫底下，这看起来多多少少有点儿"失身份"，可郁达夫并不感觉尴尬，反而来了个大词小用，幽默地调侃了自己一番。"压迫"二字是政治术语，本应用到庄重而严肃的场合，可郁达夫却拿来自嘲，用来解释自己把钞票藏在鞋垫底下这种行为，让人在轻松一笑中感受到了他的率真和可爱之处。

生活中，我们也可以时不时地尝试一下大词小用幽默法，简单易创，幽默效果却不可小视，常会逗得人捧腹大笑。

幽默沟通技巧

在日常生活中，偶尔添加一些用作庄重场合的严肃语言或词语，营造出一种"不协调"的气氛，从而产生幽默，这就是大词小用式幽默的精髓。在与人交谈时，适当使用大词小用幽默法，可以让笑料层出不穷，逗得大家捧腹不已。

十三、巧妙断句——停顿不同，意趣不同

停顿是指语言顿挫。它在口语表达中至少有两个作用：第一，停顿起着标点符号的作用，它作为话语中换气的间隙，既是表明上句话的结束，又是下句话的前奏，以此加强语言的清晰度和表现力；第二，停顿以间歇的长短、一定时间单位里次数的多少形成讲话的节奏，给人以韵律美。和重音一样，停顿的位置不同，同一句话表达的语意往往也会不同。

比如"她了解我不了解"这句话在不同的停顿之下就可以有不同的意义：

她／了解我不了解？（问是否了解自己）

　　她了解／我不了解。（承认自己不了解）

　　她了解／我不了解？（不承认自己不了解）

　　她了解我／不了解？（想证实她了不了解）

　　她了解我不／了解？（不相信别人了解）

　　可见，停顿要得当，应当根据传情表意的需要合理设置停顿。巧设停顿可造成言外之意、弦外之音。训练有素的播音员或主持人往往善于利用语句的停顿，让听众去思索、回味和期待，以获得理想的语言效果。

　　一句很幽默的话，如果不会说，幽默就"出不来"。巧作停顿就是技巧之一：在说一句连贯的话的时候，故意设置一个意味深长的停顿，把听者引向一个惯性的方向，然后再用一个突然转折，将听者的期待引向意料之外的方向，造成话语表里反差的碰撞与错位，从而产生幽默感。

　　在一次节目中，节目主持人曹可凡说到陈佩斯的"光头"。

　　曹可凡："现在中国艺术界光头丑星颇为走红，有人把你也归入这一行列，你有什么想法？"

　　陈佩斯："我觉得挺愤愤不平的。我的脑袋很圆正啊！而且也比较匀称。鄙人剃光头的一个重要原因是我的脑袋确实长得精彩。你想，一般人剃了光头以后，本质就暴露出来了，这凸一点儿，那凹一点儿，不怎么好看。而我的脑袋很圆，佛教上讲圆则通，所以我这个人做什么事都一帆风顺。"

　　曹可凡："光头也是智慧的象征，俗话说得好：聪明——绝顶。"

　　曹可凡说到"聪明"二字时，故意设置一个停顿，将语势上扬、音节延长后戛然而止，然后道出语意双关的"绝顶"二字，这样这个奇巧"移植"的趣味就出来了。

　　汉字在书写时，习惯上常常是一字字摆开，这种书写方式往往会造成语素、词、词组的界限不清，偶尔会产生意义上的歧解，尤其是没有标点的文字更是如此。因此，表达者要保证自己的意思不被歧解，就必须准确地使用标点符号，而在口语中就需注意停顿和语调升降。

　　标点符号的使用既有帮助理解意义的功能，又有语法功能。标点放在不同的位置上，话语就有不同的语法形式和语法结构，从而也就表达了不同的意思。

如果表达者在书面语中不用标点或者在口语中不能准确使用语气停顿，就会产生歧义。有时候，表达者会在书面语中故意不用标点，或者在口语中故意不用语气停顿，借此造成歧义，以产生一种幽默的意趣。

幽默沟通技巧

利用标点符号以示停顿是一种表示语法形式、语法结构的手段，也是一种表达不同意义的手段，标点符号在口语中即表现为停顿和语调。在谈话中，停顿、语调不当会让听者产生歧解，但如果能准确地把握好停顿、语调的度，可能会产生让人意想不到的幽默效果。

十四、以谬制谬——幽默诙谐，谬中制胜

为了避免双方关系陷入不必要的紧张状态，有时我们不能直接拒绝别人的不合理要求，但又会为找不到拒绝之词而发愁。此时，就可以使用以谬制谬的幽默技巧。与正面直接顶撞相比，通过婉转幽默的言语让对方去体会他自己要求的不妥之处会更文雅、更妥当。

这种幽默口才有一个显著的特点，就是从不正面回答问题，正面意图全借助不着边际的荒诞来反衬，使人因彻底无语而发笑。

在19世纪，伦琴射线的发明者收到一封信，写信者说他胸中有一颗残留的子弹，需要用射线进行治疗。他请伦琴给他寄一些伦琴射线和一份使用说明书。

伦琴射线是根本没有办法邮寄的，假如伦琴直接指出来信者的错误，那也没有什么不妥，但多少会让对方有一点儿被人居高临下教训的感觉。最后，伦琴选择用以谬制谬的幽默来应对。

伦琴提笔写了一封回信，里面说："请把你的胸腔寄来吧！"

由于邮寄胸腔比邮寄射线听起来要荒谬一百倍，所以伦琴不仅传达出自己的幽默感，也让写信者明白射线是不可能邮寄的，既避免了正面交锋，又产生了幽默效果。不直接回答问题可以给对方留下余地，并且能避免正面冲突。

逢年过节，船老板需按规矩弄几样菜招待船员。端午节的时候，船老板端了四样小菜，提了一个长颈锡壶，往船员们面前一放，说："伙计们，喝酒吧！"说完就走开了。

有个伙计顺手把酒壶一提，感觉轻飘飘的，揭开盖子一看，只有半壶酒。他很恼火，顺手拿起一把锯子，把酒壶上半截锯下来往江中一扔，把下半截酒壶照旧放好。

没过多长时间船老板来了，一看酒壶给锯了，气得吹胡子瞪眼，大声道："怎么酒壶只剩半截了，谁干的？"锯壶的伙计不慌不忙地答道："我锯的，上半截又不装酒，留着没用！"

可见运用"以谬制谬法"时，应注意发现对方的谬误，并对它进行全面的透视，然后寻找适当的角度，进行有力的反击。

某刊物的编辑在读完一位作者的两篇来稿后发现了即兴简短的附言："我将在收到退稿的当天夜里，站在本市最高的建筑物上，把退稿撕成碎片，让其随风飘散，然后我就双眼一闭——好好地想一想……"

面对这位作者荒谬的来信，编辑巧妙构思，回了一封同样荒谬的信："大作已拜读，经研究决定，退你一篇，留下一篇，这样今夜你站在最高的建筑物上好好想想时，只要闭上一只眼睛就够了！"

二人的幽默，都没有把话说明。作者说得巧，编辑回得妙，你来我往，假里藏真，颇有嚼头。面对作者的荒谬要求，编辑机智幽默，同样以荒谬回应。

幽默沟通技巧

以谬制谬幽默法就是针对对方荒谬的观点，用更加荒谬的幽默观点将对方的荒谬观点指出来，并反击对方的谬论，进而使对方的观点不攻自破。

十五、故弄玄虚——设置悬念，出奇制胜

当我们在叙述某件趣事的时候，不要急于将结果先行告知，可以用独具特色的语气和带有戏剧性的情节显示一下幽默的力量。也就是巧妙地给观众设置悬念，幽默地表达出自己的想法。

古人常说："文似看山不喜平。"对待会说话的人，人们的评价多是"看，他多幽默"，或者是"看，他一开口就妙语连珠，跟他说话总是有意想不到的发现"。这些都是善于设置悬念营造出来的效果。

如果你在与对方沟通的过程中，可以恰到好处地结下一个个"扣子"——也就是悬念，可以在说出最关键的那句话之前沉住气，这样就会使听者在回旋推进的言论中感到趣味无穷，一步步实现讲话者预定的说话意图。

启功先生的幽默是出了名的。有一年，一个人拿着一幅启功的画去求题字，请启功补盖印章。

启功当时一看是自己二十多岁时的画，便微笑着说："是我画的，补个章吧！"在印章盖完以后，他转身又去窗台取了一个小盒子，一边开盒盖，一边神秘地说："来点儿炭疽！"一听"炭疽"，大家全部愣住了，明知道不可能是，可到底是什么呢？大家伸着脖子看老爷子的铁盒子。

"白色粉末！"启功的眼睛笑成一条缝，一边说，一边往外倒。

"这到底是什么！"大家急着问。

"滑石粉！"启功抖了个大"包袱"。所有人大笑起来。

原来他是怕刚盖的印泥沾脏了对合的画面，照例撒上这种粉末来吸干印油。

"嗬！您老怎么还知道炭疽呢？"大家逗乐儿地问。

"今天早晨看报，美国那儿不是发现有人往邮件里投放了一种白色粉末——炭疽嘛……"

要想悬念设置得好，除了要博学多识，还要思想深邃。博识可以为"悬念"提供丰富的"话料"，而睿思则能保证其质是钻石而不是瓦砾。这样的幽默才能雅而不俗、艳而不妖。那些善于吊人胃口的人，不管走到哪里都会受人欢迎。他们令人在笑声中感受到高品位精神文化的滋润，使其在愉悦中认同并接受自己的意见。

> **幽默沟通技巧**
>
> 犹如白开水一般的话语总是让人觉得无趣，而设置悬念、一波三折的话语总是会吸引着人的神经。要学会幽默地吊人胃口，这样才能使你所说的内容被他人愉悦地接受。

十六、欲擒故纵——拖延战术，设真推假

所谓"欲擒故纵"，就是首先假定对方的观点是正确的，然后用看似合乎逻辑的道理推出荒唐可笑的结论。简单地说，就是引申归谬、设真推假，并由此生出幽默的意味。

如果是在那些不便明说的场合下，那么欲擒故纵的幽默往往可以在愉悦的氛围中达成目的，其中的诀窍就是：表面上是放，实际上在顺着对方的意思说事。要发挥好这种幽默，关键就在于处理好"纵"与"擒"的关系。

在人际交往中设计"纵"的语言形式时，要更加巧妙一些，首先要做到表面上看着像放，实际已经将擒的内容蕴含其中，这样就可以让对方笑着接受你的建议。在具体操作过程中，既可以先纵后擒，也可以纵中有擒，纵擒合一。

有一家银行的经理和人事部主任正在对一批刚刚通过面试的毕业生进行面谈，发现其中有很多留长发的男子。人事部经理想让大家都留短发，但又不想正面提出要求，因此在致辞时，充分展现了自己良好的口才和幽默感，只是通过几句话就让毕业生们愉快地接受了他的意见。

那么，他是如何说的呢？人事部主任留着陆军式的发型，他说："诸位，我对于头发长短的问题，一直以来都是持着豁达的态度，你们的头发只要在我和经理的头发长度之间就没有问题了。"

大家马上把目光投向了经理，只见经理面带笑容站了起来，等他摘下帽

子后，露出了一个大大的光头。

很明显人事部主任就是在利用欲擒故纵的手法，他的本意是要求新职员都留短发，但是又不方便直接说出来，因此故意表现出一副豁达的样子，好像他的要求并不高。

从表面来看，银行对于头发的长短问题一直都持着"豁达的态度"，这就是"纵"；可实际上却要求"你们的头发长度只要在我和经理的头发长度之间就没有问题了"，这就是"擒"。他用相去甚远的词语表达了同一个概念。

根据逻辑学我们可以明白一个道理：在不同的语境中，同一个词语可以表达不同的概念，不同的词语也可以表达相同的概念。人事部主任所说的两句话，表达的显然是同一个概念，却具有完全相反的含义。

这就是非常典型的先"纵"后"擒"法，非常有效力，一方面，它大大增加了幽默感，从而使自己的要求更容易被对方接受；另一方面，先"纵"后"擒"的表达方式，也使对方不好再直接讨价还价，只得照办。

幽默沟通技巧

想要使用欲擒故纵式幽默，你首先要肯定对方的观点，然后运用看似符合逻辑的语言，巧妙地带领对方进入你设计好的"陷阱"，让对方渐渐放弃自己的想法，最后乖乖被你"擒"住。

十七、顺水推舟——借人之口，为己所用

在人与人的交流中难免会陷入僵局，这个时候就需要一定的破冰技巧来解救双方。破冰，顾名思义就是打破妨碍彼此沟通和交流的重重障碍，仿佛冰海行船，唯有突破那一层层厚实的坚冰，才能通行无阻，顺利地到达彼岸。当我们在面对一些冲突和危机事件时，就应该具备破冰能力，巧妙地寻找有效的突破点，并顺水推舟使冲突与危机化解于无形之中。

某个航班因为航空管制，已经导致旅客在闷热的客舱里待了很长的时间，一位坐在紧急出口旁的男性年轻旅客突然按响呼唤铃，把乘务员叫了过去，并大声嚷道："再不起飞，我就把这个门打开，从这里跳下去了。"

当时在场的乘务员是一名正处在带飞阶段的男学员，他一本正经地告知旅客紧急门的重要性并强调此门绝对不能打开，正在这个男学员说教的时候，教员赶到了，轻轻拍拍他说："麻烦你先去给这位先生倒杯冰水吧！这个门的重要性，这位大哥可清楚了，因为他坐飞机的次数可能比你飞行的次数还要多得多！是吧，大哥？"

"大姐，您可别这样叫我，我应该比您小。"男性旅客回答道。教员迅速找到突破口，微微一笑，"你以为我想这样称呼你呀，可是我没有办法啊，因为假如你把这个门打开了，我面临的问题就是丢掉工作，像我这个年龄再找工作，你知道有多难吗？所以为了不失业，我必须得叫你大哥。大哥，就请帮我一个忙把这个门看管好，可以吗？"

周围旅客听了都哈哈大笑起来，小伙子也有些不好意思了，再经过一番交流，当学员送水过来时，听到的竟是小伙子拍着胸脯在说："大姐，您放心，我在，门就在；即使我不在，门一定还在！"回到服务间，学员崇拜地对教员说："师傅，您真厉害啊！"教员微笑着说道："这都是沟通应变技巧的魔力啊！"

幽默作为一种情感思维方法与通常的理性思维方法有相似之处，也有不同之处。但幽默技巧的使用也有各种不同的方式，顺水推舟就是根据对方的话题找到有利于己方的突破点，让对方赞同你的观点，同情你的处境，从而做出有利于你的决定。

幽默沟通技巧

顺水推舟，简而言之就是借助对方的语言漏洞巧妙地为己所用，让对方在不知不觉中做出有利于自己的决定，顺着某个趋势或某种方向说话办事。在处理一些非原则性问题时，可以运用这种沟通技巧。

十八、自吹自擂——扩大事实，膨胀幽默

自吹自擂就是夸大自己的本事，虽然可能跟事实有所出入，但是自己津津乐道。这种说话风格透露出浓浓的幽默感，表现出了幽默的本色。自吹自擂式的幽默作为一种幽默技巧，被人们广泛地运用在生活中。

不管是处在什么情形，都可以不失时机地吹嘘一番。当然，在使用这种技巧的时候，你要让对方察觉出你所"吹嘘"的东西与事实有差距，通过你的话语可以看出你的名不副实，从而使幽默产生。

我们单位的李健自认为棋艺高超，没有人可以超越，总是爱吹牛，从不服输。有一次，他跟别人下棋，连下了三盘，都输了。过后同事问他："下了几盘啊？"

他说："三盘。"

同事又问："那谁胜谁负呢？"

李健脸不红心不跳地说："第一盘我没赢，第二盘他没输，第三盘我想和，可是他不肯。"

李健就是这样，本身棋艺不精，脸皮也厚。虽然连输了三盘，可是从他的嘴里说出来的话，如果不小心就会被蒙混过去。同时李健也很有幽默感，他可以抓住输棋的这个时机，恰当地自吹自擂，制造一种幽默的自嘲氛围，给人一种意想不到的结果，也可以帮助他从输棋的窘境中走出来。

自我吹捧是与人们谦虚谨慎的惯性心理相背离的，因此可以产生幽默的效果。在王朔的小说《你不是一个俗人》中就曾出现过这种情节。

刘美萍挤上前来，手里举着个小本："冯先生，您给我签个名，要那种狂草。"

冯小刚一笔一画认真签名时，她又说："冯先生，今天您真是把我感动了，好久没听过这么好的大道理了。您讲的那些话好些我都没听懂，好些字都不会写——您是真有学问。"

冯小刚签完名笑着说："何止你感动，我都被自个儿感动了，由衷地佩服我自己：我怎么就能说哭就哭，什么也没想张嘴就来，听着还挺像那么回事儿——多读书啊！这是个秘诀。"

按照常理，听到别人的夸奖，我们都会很谦虚地说："您过奖了！""哪里哪里！"可冯小刚不同，别人夸他，他还觉得不过瘾，又开始"自吹自擂"起来，但在这种强烈的碰撞中，却产生了非常浓厚的幽默感。

幽默是人们感知世界引人发笑的方式，是乐观、宽厚的态度，是从生活中感知笑料，并将之转化成可以引发笑声的语言作品的能力。自吹自擂的幽默就是日常生活中某些观念的浓缩，可以很好地给自己找个台阶下。

十九、不变应万变——巧用心思，处变不惊

在人际交往中，互相幽默的攻击主要有两种：一是戏说型的，可以让人感到你很亲切，引起对方的共鸣，或者是为了显示自己的智慧，引来对方的欣赏；二是互相斗智型的，好像在进行一场幽默比赛，互相争求上风。

可能在攻击的时候是凶猛的，但是表现形式却是很轻松的。无论是有没有攻击性，都表现出了一种戏谑的意味。以不变应万变，将错就错使戏谑的意味升级，明知道对方错了，但是不明说，而是给予肯定，肯定的结果就是更彻底的否定。

我们公司的李青和张坚是一对活宝，经常在一起斗嘴。李青说世界上最锋利的东西是张坚的胡子，张坚不明白什么意思。李青说："你的脸皮这么厚，但是你的胡子还可以破皮而出。"很明显，这句话具有戏谑的意味。因为原因和结果之间的关系是荒谬的。与其说张坚的脸皮厚，不如说李青口齿伶俐。

古语说"以子之矛，攻子之盾"，也正是以不变应万变的方法。其实张坚完全可以将谬就谬，将李青的荒谬性向更荒谬处推进。

张坚可以反问李青："你知道你为什么不长胡子吗？"李青自然不知道。"因为你的脸皮更厚的缘故，连尖锐、锋利的胡子都无法穿透。"

张坚反攻李青的方式并不是另行构思的，而是顺着李青攻击他的逻辑关系引申出来的。即我有胡子是因为胡子锋利穿透了脸皮，可是你没有胡子，是因为你的脸皮更厚，连尖锐、锋利的胡子都无法穿透。用同样的前提提出相反的结论，指向不同的目标，得以摆脱困境。

主持人高博每天都会收到很多观众发来询问各种问题的短信。有一位浙江的观众发来短信问高博："我的女朋友最近老是买减肥药吃，气得我都吃不下去饭。请问你有什么高招吗？"高博幽默地建议道："我觉得你跟你女朋友可以交换一下，应该就没问题了。你买减肥药，气得她吃不下去饭，正好你们两个人的愿望都能实现啦！"

不得不说这位观众提出的问题很让高博头疼，可是高博并没有直接说应该采取什么方法，而是按照观众的话说下去，运用同样的逻辑，幽默地解决了观众的难题。

> **幽默沟通技巧**
>
> 以不变应万变是在别人的阵地上开拓自己的阵地，而不用去另外开辟新的阵地，这正是幽默智慧的体现。在日常生活中，如果你可以很好地以彼之道还施彼身，那么你就会成为一个很有幽默感的人。

二十、画龙点睛——点明实质，生动有力

语言是交流的工具，它可以表达人的思想和情感。但同一个意思，使用长短不同的句子可以达到不同的效果。通常来说，书面中用长句子的时候比较多，因为书面讲究逻辑严谨。而在生活中，我们的用语都是简短有力的。经过长时间的沉默以后，以一两句画龙点睛的话总结，可以产生出奇制胜的幽默效果。

曾经在一个电视节目中，主持人向一个女作家提问："一个女人想要婚姻持久，什么最重要？""一个耐久的丈夫。"女作家随口说道。主持人提出的问题，不是女作家一句话两句话可以说清楚的，于是女作家使用幽默、简洁，又发人深省的话来回答，可谓是"言简意赅"。

其实在生活中，我们总会遇到"一语惊人"的情况。女作家可以成为主角，小女孩一样也可以。

在一个清晨，萧伯纳像往常一样出去散步，一位非常可爱的小姑娘走了过来，童心未泯的萧伯纳与小姑娘聊了很久。分别的时候，他把

头一扬，对小姑娘说："别忘了回家告诉你的妈妈，就说今天跟你聊天的是世界上著名的萧伯纳！"萧伯纳心想，当小姑娘知道自己遇见的是世界大文豪萧伯纳时一定会欣喜万分。

"您就是萧伯纳伯伯？"

"怎么，难道我不像吗？"

"可是，您怎么会说自己了不起呢？也请您回去告诉您的妈妈，今天跟您聊天的是一位叫丽莎的小姑娘。"

上述的小姑娘不仅"一语惊人"，而且"惊"的是一个伟大的人物。她用幽默展现了人人平等、自信等值得赞扬的观念，从而一语惊醒了有些骄傲的萧伯纳。在生活中，很多人因为做出一些贡献就开始骄傲自大起来，在说话、做事的时候就会以自我为中心，甚至会把自己看成是别人的骄傲。

有一次，拿破仑跟自己的秘书说："布里昂，你也将永垂不朽了。"布里昂有些迷惑不解。拿破仑说："你不是我的秘书吗？"布里昂明白了拿破仑的意思，微微一笑说："那么请问，亚历山大大帝的秘书是谁？"拿破仑答不上来，便高声喝彩："问得好！"

这个幽默属于机辩的类型，从某种程度上说具有一定的攻击性。当对方出言不逊，伤害了你的自尊心时，及时、机智、幽默地加以反击，就能一语惊醒他。

> **幽默沟通技巧**
>
> 一语惊人的幽默具有"秤砣虽小压千斤"的力度和"片言明百句，坐役驰千里"的广度。由于一语惊人具有这些特点，在交谈中使用这个技巧时，就应该用简洁明了的语言表达出自己的意思，切忌拖泥带水。

幽默是讲究分寸的，想要把幽默表达得合理，便要分清场合，把握好幽默的"度"。给别人戴高帽，帽子太大会遮住脸面，博不到好感，还会把你当成谄媚的小人；帽子太小又戴不到头上，不痛不痒，起不到应有的幽默效果。如何才能将幽默发挥得恰到好处呢？那就要控制好幽默元素的"投放量"，将幽默的分寸拿捏准。

第三章

拿捏分寸，掌控幽默"投放量"

一、高雅才是真，恶整搞怪要不得

　　幽默和单纯的搞怪、低俗的恶搞有着本质的不同，幽默是远离庸俗化的情趣。当今，人们对于自身的形象越来越重视，因为这直接关系到一个人事业的成功与否。借助于一个得体的幽默，不仅有助于塑造良好的个人形象，还能快速地博得别人的好感。

　　生活中需要幽默，它在处理人际关系中能够起到"润滑剂"的作用。但幽默同时也是一种高层次的语言艺术和思维智慧。真正的幽默在让人开怀的同时，还给人以启迪和思考。

　　幽默家兼钢琴家波奇，有一次在美国密歇根州的福林特城演奏，发现剧场只坐了一小半听众，他当然很失望也很难堪，但是他走向舞台时却说："福林特这个城市一定很有钱，我看到你们每个人都买了两三个座位的票。"于是，整个大厅里充满了欢笑。波奇以寥寥数语化解了尴尬的场面，这才是真正的幽默。

　　幽默不仅高雅，还应该能反映出一个人的聪明、智慧以及随机应变的能力。

　　美国和苏联两国成功地进行了载人火箭飞行之后，德国、法国和以色列也联合拟订了月球旅行计划。火箭与太空舱都制造完毕，接下来就是挑选太空飞行员了。工作人员对前来应征的 3 个人说："谈谈你们的待遇要求吧。"德国应征者说："我的要求是 3 000 美元。其中 1 000 美元留着自己用，1 000 美元给我妻子，还有 1 000 美元用做购房基金。"法国应征者说："给我 4 000 美元。1 000 美元归我自己，1 000 美元给我妻子，1 000 美元归还购房的贷款，还有 1 000 美元给我的情人。"最后以色列的应征者则说："我的要求是 5 000 美元。其中有 1 000 美元是给你的，1 000 美元归我自己，剩下的 3 000 美元用来雇德国人开太空船！"

　　在这则幽默中，以色列人把他的幽默智慧展现得极为生动。以色列人的提议中他无须从事任何实务工作，只需摆弄数字，就可以白拿 1 000 美元，还可以送工作人员 1 000 美元的人情。

姚明不仅篮球打得好，情商也特别高，他在回答苛刻的问题时，总能以高雅的玩笑巧妙化解，没有愚弄，没有嘲讽，还能让人会心一笑。

参加 2003 年 NBA 全明星赛的球员们接受媒体的第一次采访时，姚明一进入见面会的大厅，就被记者包围在中间。

一名记者问姚明："泰格·伍兹对高尔夫球的发展做出了巨大的贡献，而篮球在中国比起高尔夫球来说影响要大得多，你认为这其中你的个人影响力有多大？"姚明歪着脑袋狡黠地说："我想，那是因为篮球比高尔夫球大一点点儿吧。"

接着一名记者问："你将来如何对待媒体的围追堵截？"姚明更是幽默："尽可能跑得快一些。"

记者接着追问："在这里最害怕什么？""希望大家不要将我逼进厕所。"姚明说完自己也笑了。

幽默能带给人对于社会、人生、哲理的思考。得体的幽默反映的不仅是一种语言艺术，还是一种高超的思维智慧。这样的幽默不仅能拉近双方的距离，还能更好地展现你的人格魅力。反之，庸俗的幽默会让彼此感到尴尬，还会对你的形象造成不良的影响。

幽默沟通技巧

幽默的内容取决于幽默者的思想情趣与文化修养。幽默内容粗俗或不雅，有时也能博人一笑，但过后就会让人感到乏味、无聊。只有内容健康、格调高雅的幽默，才能给人以启迪和精神享受，而且对自己美好形象的成功塑造大有益处。

二、看准时机，不滥用才会真有用

"能行风，就行风，不见兔子不撒鹰。"这是一句民间谚语，很俏皮，却很深刻——伺机而动，因势而行，这样才能以最小的损失争取最大的利益。

在适合的场景说话，才会带来理想的效果。一个人如果掌握了攻心的技巧，加上富有幽默的艺术性语言，那么他在办事的时候，往往比别人更容易成功。一句充满人情味与幽默感的话，往往比通盘大道理更有说服力。

这天，李波进机场候机厅，坐在 3 号门的座位上等待登机。突然，他听到广播里通知说："很抱歉，为您带来不便……666 号航班改从 4 号门登机。"李波一骨碌儿爬起来，拎起行李急忙搬到 4 号门。

没过几分钟，广播里又说，666 号航班还是从 3 号门登机。他只好再次收拾行李，回到原来的登机口。李波正纳闷呢，这时只听广播里传来一个甜美的声音："亲爱的乘客，感谢您参加某航空公司的愚人节特色有氧健身活动。"

听到广播后，包括李波在内的许多乘客顿时哈哈大笑起来。

如果这天不是愚人节，想必不但收不到幽默的效果，还会使乘客愤怒之极。

可见，幽默只有在最适当的时机中表现出来，才能达到最佳的效果。幽默不是随时都可以使用的，随着文明的进步，生活经验的积累，人们越来越清楚地认识到：在有些场合要慎用你的幽默。

陈霄某好友的母亲病逝，他前去参加葬礼。在追悼会上，他为了安慰好友，让好友不过于伤心，便自以为很幽默地说了一句歇后语：

"你也别太难过了，希望你不要'坐坛子上放屁——响（想）不开'啊！"

陈霄这句话一说出口，在场的人无不为之气愤，也令好友尴尬不已，十分恼火。

幽默说话要注意时机，把握说话时机非常重要。只要我们有充分的耐心，积极进行准备，等待条件成熟，顺理成章地表达自己的观点，不仅能让对方开心，而且能令自己舒心。好朋友之间适当开开玩笑，可以活跃气氛，融洽关系，增进友谊。但开玩笑一定要适度，不要口不择言，想到什么可笑的事就毫无顾忌地说出来，要因人、因时、因环境、因内容而定。

> 在幽默口才的施展上，我们同样要做到根据时机开口，把话说得恰到好处。要想制造幽默，就要知道什么时候运用什么样的幽默方式，才会获得对自己最有利的帮助。

三、态度友善，幽默不要过了头

恰当的幽默一定是对待别人态度友善的幽默，绝不能拿别人的种族、宗教信仰以及身体残疾等来开玩笑，使彼此之间的关系恶化。切忌幽默过了头，尤其是不能用严重伤害别人的自尊和人格的话题来消遣和娱乐。

在生活的每一个角落，我们都可以发现幽默的踪迹。当然发现幽默之后，还要会运用幽默。只要我们在运用的过程中能够把握好幽默的尺度，它就会点亮我们的生活。

有位教授正在讲台上发表演讲，当大家都在侧耳倾听之际，突然有一个学生的椅子腿折断了，狼狈地跌坐在地上。

此时，同学们的注意力一下子被分散了，都侧身去瞧那名跌倒的学生。

教授见此情形，急中生智，迅速地朗声说道："各位同学，现在都相信我所说的理由足以压倒一切异议声了吧?"

话音一落，底下立刻响起了一阵笑声，然后就是热烈的掌声。

这就是得体的幽默带给人们的好处。然而，同样的意思往往有几种不同的表达方式，而表达方式变了，那造成的后果通常也会不一样。所以说，幽默的表达方式是非常重要的，直接关系到幽默的效果。一旦幽默变了味，那效果很可能会适得其反。

具有幽默感的人，通常都会以嘲讽作为武器，来批评别人，或回击恶意的攻击。即使是他们带有嘲讽意味的玩笑，也是诙谐而不失风度、滑稽而不粗俗。因为他们明白，幽默嘲讽也要与人为善的道理。

有一个青年学者拿了一篇诗稿到杂志社，希望能得到发表的机会。

编辑看过之后，问道："这诗是你写的吗？"青年学者稍微迟疑了一下，然后肯定地说："是的，其中大部分内容都是我写的。"

编辑装作很认真的样子，一脸崇拜地对青年学者说："拜伦先生，见到您很高兴，我以为您已经死了100多年了。"

青年学者满脸通红，讪讪而去。

很明显，编辑看出青年学者的诗作抄袭了拜伦的部分作品，但他的幽默方式太过尖锐了，对青年学者从精神到人格上都进行了讽刺和挖苦，使幽默变成了恶意的攻击，严重打击了青年学者的写作积极性，在学者的心里留下了阴影，其效果还不如干脆利落地说："你这首诗有一部分是抄拜伦的，我们不能发表。"

开玩笑时一定要与人为善，与人和蔼相处，但如果有人想找乐子拿你开玩笑，对你进行辛辣的嘲讽，令你无法接受，你也可以运用幽默这一有力武器进行回击，以扭转自己被动的境地，并向其他人展示你强大的应变能力。

成功的社交大都离不开对他人的敬重。也许有些人没有你口齿伶俐，口头上你一时占了上风，但别人一定会觉得你不够尊重他人，以后也不会愿意跟你继续交往。所以，如果想对别人产生有效影响力，你就要设法让对方明白，你是本着友善的态度开玩笑的，你是从心底里敬重他们的。

幽默沟通技巧

幽默的过程，是感情互相交流传递的过程。如果借助幽默来达到对别人冷嘲热讽或发泄内心厌恶和不满感情的目的，那么这种玩笑就不能称为幽默。

四、玩笑一旦失分寸，"笑果"变恶果

尽管幽默有着很神奇的力量，但它并不适合生活中的每个场合，只有时机恰当，才适合去利用它。如果场合不对，玩笑不仅无法达到效果，还可能触及他人的痛处，甚至引起他人的反感。

朋友聚会，为了活跃气氛，应该选择一些比较轻松的玩笑来开，如果不是特殊需要，切不可开过"重"的玩笑。玩笑开得不当，可能会导致很严重的后果。

张萌和李芳是很要好的同事。一次在公司举办的聚会活动中，张萌突然心血来潮地想拿李芳"开涮"，她一本正经地对周围的人宣称李芳无意中捡到 20 万元钱。

结果当晚，李芳家的电话简直成了"热线电话"，一直响个不停，有人要向她借钱，也有人要和她合作做点儿小生意……任凭李芳百般解释那是张萌的一句玩笑，可这些人硬是认为他的话是"此地无银三百两"，令李芳哭笑不得，左右为难。

一连几天，李芳家的电话都响个不停。就这样，李芳原本平静的生活被打破了，忍无可忍的她和张萌反目为仇，一纸诉状将张萌告上法庭。

法院经过审理，最终做出判决，张萌不仅向李芳赔礼道歉，还要赔偿精神损失费。

这就是张萌开玩笑不注意分寸所造成的后果。

开玩笑是控制情绪、激励自己以及处理人际关系的重要手段，它犹如一种精神"调节剂"，会使人与人之间产生轻松愉快的感情交流，这对于工作、生活是非常有益的。但开玩笑也要把握分寸，不要随便开，否则会适得其反，弄巧成拙。

在与人聊天时，开一个得体的玩笑，幽默一下，可以松弛神经，活跃气氛，营造出一个适于融洽交谈的气氛。但是，开玩笑也要讲究时机和场合，

更要看对象，切莫拿别人的忌讳开玩笑。

其实，聊天中开玩笑的人动机大多都是友好的，但若把握不好分寸和尺度，就会产生不良后果，所谓"说者无心，听者有意"。因此，聊天开玩笑的时候掌握一些分寸还是很有必要的。

看来，在开玩笑之前，务必要考虑这个玩笑带来的后果，不该开的玩笑绝对不要随便开。

毫无疑问，讲究场合才能把幽默运用得恰如其分，但不能仅仅把讲究时机作为幽默语言的准则，那就太狭隘了。因为要想成功地使用幽默，在讲究时机的同时还应当注意大环境。有时，开玩笑还要考虑到自己的特殊身份及开玩笑的对象，不然也可能有意外发生。

男一女同时走到大厦的门口，这位男士开门让女士先进去。

"我虽然是女人，但我具有和男人一样的智慧和财富，所以你没有必要开门让我先进!"女士有些高傲。

"不，夫人。"男士回答，"我为您开门，是出于尊重您是个长者。"

我们都知道，女人是最在意自己的年龄的，说一位女士是长者无异于在说她长得显老。可想而知，接下来这位女士一定会大发雷霆，这就是不分对象开玩笑的结果。

开玩笑要知轻重。"重"的玩笑多半是开不得的，它只能在比较特殊的场合才能开，若在一般场合开比较"重"的玩笑，可能就不再可笑了，甚至会乐极生悲。

> **幽默沟通技巧**
>
> 适可而止的幽默能让人感到生活中的七彩阳光每天闪耀。而过多不适宜的幽默和不分场合、不顾别人的情绪变化的低级玩笑，只会使原本热闹的氛围变得尴尬。

五、幽默急不得，水到自然会渠成

他为什么笑？是什么牵动了听众的笑神经？自然是幽默。幽默要在入情入理中自然地引人发笑，给人以智慧的启迪。

在一期《正大综艺》节目中，著名主持人赵忠祥手拿一张画着绿色圆圈的纸问："杨澜，请你当着朋友的面，说说看，我手里拿的是什么？"

杨澜："这是一张画吗？我知道了，您这是画了一个西瓜，这太简单了。"

赵忠祥："不是，再猜猜。"

杨澜："不是西瓜，那是小一号的西瓜——绿皮香瓜。"

赵忠祥："为什么想得那么复杂？"

杨澜："哦，对，这不过就是一个绿圆圈。"

赵忠祥："不能算对。"

杨澜："那我可就猜不出来了，您自己告诉大家吧。"

赵忠祥："我手里拿的是一张画了绿圈的纸。"

（观众笑了，杨澜也笑了）

赵忠祥显然在刻意"制造幽默"，他出示"画着绿色圆圈的纸"是设置悬念，然后不断地"卖关子"是在渲染，意在引起大家的关注与期待；"为什么想得那么复杂"是反转，即引而不发的心理迁移。当杨澜泄气时，赵忠祥公布出人意料的谜底，是突变。

幽默表达就应该先不动声色地制造悬念，然后不停地"卖关子"加以渲染，最后出人意料地反转或突变。在这中间，最忌讳的就是"幽默预告"，假如赵忠祥对观众说，"现在我向杨澜提一个幽默的问题"，那幽默便荡然无存了。

有一次，冯骥才应邀到美国做演讲。演讲开始前主持人向听众介绍说："冯先生不仅是作家，而且还是画家，以前还是一名职业运动员。"简短介绍后，大厅里一片寂静，只等这位来自中国的作家开讲。

冯骥才此时也十分紧张，因为美国人对演讲者要求很高，必须是博闻强识，机智敏锐，而且要幽默诙谐，否则他们就不买你的账，甚至会纷纷退场，让你下不了台！

冯骥才沉思了片刻，当着大家的面，把西服上衣脱了下来，又把领带解了下来，最后竟然把毛背心也脱了下来。观众都看愣了，不知这位演讲者究竟要做什么。

略停顿了一会儿，冯骥才开口慢慢说道："刚才主持人向诸位介绍了我是职业运动员出身，这倒引发了我的职业病。运动员临上场前都要脱衣服的，我今天要把会场当作篮球场，给诸位卖卖力气。"独具一格的开场白，引得全场听众大笑，掌声雷动。

开场后，冯骥才并没有急着演讲，而是从容不迫地脱起了衣服，如此出人意料的行径，让听众大惑不解。吊足了听众的胃口后，冯骥才不露声色地说出开场白，幽默地抖出"包袱"，令人耳目一新，一下子吸引了美国听众的注意力，收到了"此言一出，举座皆欢"的艺术效果。

冯骥才的演讲，以动作行为设悬念，开场白释悬念，如此睿智幽默，引起听众的满堂喝彩也是顺理成章的了。

幽默风趣之所以让人感到温暖、亲切、有说服力，是由于幽默者也感同身受地置身于对象的行列之中。正如果戈理在《剧场门口》中所说："在冷静的笑的深处，可以发现强大的、永不磨灭的爱的炽热的火花。"这就是幽默。

> **幽默沟通技巧**
>
> 正如清代诗人李渔所说："妙在水到渠成，天机自露，我本无心说笑话，谁知笑话逼人来。"幽默是日常语言的巧妙组合，以深入浅出见功力，只有做足铺垫后才能顺理成章地获得"笑果"，切不可急于求成。

六、幽默转角遇见谁，成功不请自会来

想要得到别人的帮助、尊重和认可，就需要做到在交往的过程中有分寸，办事时讲究策略，掌握好幽默的尺度，一举一动都要有所节制，这样的话才有可能达到自己的目的。

虽说忠言逆耳利于行，但不是每个人都有容纳逆耳忠言的胸襟。因此，当你试图对他人进行劝诫和说服之时，一句幽默的逆耳忠言或许能得到尊敬，但也有可能让你受到强烈的反击。因此，在试图表达自己想法或者劝诫他人的时候，幽默的技巧和策略重之又重，没有必要直来直去，曲意表达、点到即止才是正途。

有一次，马克·吐温向邻居借阅一本书，邻居说："可以，可以，但我定了一条规则：我的书不能离开我的书房。"

一个星期后，邻居来找马克·吐温借割草机，马克·吐温说："当然可以，不过我定了一条规则：从我家借去的割草机只能在我的草地上使用。"

马克·吐温没有直接对邻居的苛刻提出批评，而是用另一种委婉、幽默的方式来表达出自己的真实想法，相信他的邻居以后再不会说"我的书不能离开我的书房"这类话了。

李岩是某公司的设计员，他接到一份起草公司资料的任务，但完成之后过了很久也没见上司有所反应。他以为这份资料公司不再需要，就在清理电脑时随手将之删除。

谁知有一天上司突然提起了这件事，向他索要资料。由于过了很长时间，一时之间李岩也想不起来资料放哪里了，便借口说"放在家里了"，随后他加班重新做了一份。

同事贺军一向嫉妒李岩的才能，早就想找个机会给李岩使坏，当他得知这个事件后，急忙向上司打小报告。上司很恼火，批评李岩说："资料丢了就说丢了，大不了重做，为什么还要欺骗我说放家里了呢?"李岩很冷静，坦率地向上司承认了误删。

下班后，李岩明知是贺军在其中捣鬼，但并没有直接兴师问罪，反而幽默地说："看来我寻找资料的速度还是赶不上老总的两只耳朵快啊!"

报告领导……

李岩借"老总的耳朵"来警告贺军，实际上也暗示了自己知道是谁告的密，给了对方一

个小小的警告。同事们都清楚了是贺军告的密，贺军也听出了李岩的意思，以后他再也不敢告密了。

　　在日常生活中，我们经常会遇到类似的问题，在发觉他人出现了极为明显的错误，但又不好面斥其过时，就需要我们运用幽默的语言技巧将错误委婉地指出来。这样做既容易使对方接受批评，又能达到自己的目的。

幽默沟通技巧

　　在日常交往中，总会遇到一些难以启齿的事，这时不妨用幽默的方式婉转地进行表达，这样既可以成功地让对方明白自己的意思，又不会使气氛过于尴尬。

幽默是一种艺术，是一种增进你与他人关系的艺术。所以，我们的生活需要幽默，要学会制造幽默，让生活和事业的压力因为充满快乐而得到缓解。幽默的言辞可以帮助你消除生活的疲劳、乏味感，让我们更加热爱生活，更加乐观地面对生活，幽默同样可以化解人际交往中的误解与偏见，使沟通更加有效，让人际关系更加和谐。

第四章

幽默沟通技巧，用幽默的力量打通人际关系

一、面对他人的失误——幽默劝导更有效

俗话说"忠言逆耳""良药苦口"，但是你也可以让忠言不再逆耳，让良药也可以变得甜蜜。所以，在劝导他人的时候也要讲究一些技巧。

我的朋友赵琳有一次乘坐出租车，开车的是一位小伙子，他一只手伸出窗外，一手握着方向盘，并且还把车开得飞快。赵琳想如果不劝劝，自身安危就会受到威胁。小伙子的开车技术虽然很娴熟，可是谁愿意乘坐这种"走钢丝"式的出租车呢！仅仅是一面之交，赵琳应该如何开口呢？

赵琳思考了一下就对小伙子说："小伙子，你们这是不是经常下雨？"

"可不是，六月的天就像小孩的脸，说变就变。"

"那么，你把手拿进来怎么样？如果天下雨，我会告诉你的，像你这样单手开车太危险了。"听了赵琳的话以后，小伙子笑了笑就把手收了回来。

仔细观察就会发现，赵琳的话中有一个"误"字，小伙子把手伸到窗外并不是为了试探有没有下雨，而是一种坏习惯。这点赵琳心里也是知道的，如果赵琳直接指责小伙子的坏习惯，小伙子可能在情绪上就会产生对立。所以赵琳就故意往好的方面想，这种误解一方面可以给对方留面子，消除对方情绪上的对立；另一方面，又可以借误会制造笑料，产生幽默的效果。

邻居吴京的妻子在做家务的时候比较粗心，对看电视、跳舞、看小说等都很感兴趣，每天花费大量的时间在这些事情上面。

一天晚饭后，吴京问妻子："晚上你准备做什么啊？"

"看电视啊，你没看见电视剧演得正是精彩的时候吗？"

"那看完电视以后呢？"

"有一本琼瑶小说我还没有看完，一会儿就去把它看完了。"

吴京说："这些事情办完以后，你可以帮我做点儿事吗？"

"可以啊！什么事呢？"

"你可以帮我找一双不带窟窿的袜子和一件不缺纽扣的大衣吗？"

妻子听完吴京的话笑了，以后在做家务方面有了改变。如果把吴京说话的方式总结一下，就是"退而求其次"。使用这种技巧的关键就是先要忍耐，不要抓住对方的尾巴就"大喊大叫"。毕竟，谁都有自尊心，谁也不愿意把自己的缺点亮给别人看。

在等待对方的缺点暴露以后，运用委婉的方式把事实列举出来，使之与对方的缺陷相对照，然后产生强烈的反差，从而产生既好笑又具有责备意味的幽默效果。

一位女子由于太贪吃而消化不良，身材肥胖。去看医生时，她询问医生："医生，应该给我开点儿什么药好呢？"除了开健胃消食的药之外，医生故作神秘地说："我还有一剂保准管用的名药，你想知道是什么吗？"女子很高兴地问："当然了，是什么？"医生回答说："饥饿。"女子会意地笑了。

医生为了顾虑到这位女子的自尊，特意避开了"肥胖"两个字，把饥饿比作了治病的良药，暗示她有点儿胖了，并婉转地劝她少吃东西。很明显，这种提建议的方式比直接批评对方的身材更容易被接受。

这种看似"顾左右而言他"的说服方式可以在尽量顾全对方面子的同时发挥劝说的功能，以达成劝服目的。这种幽默的劝服可以让当事人的心理比较平衡，更加容易接受自身的缺点并加以改正。

一对青年恋人在路边大声争吵，眼看就要大动干戈。这时，邻居大婶撑着一把雨伞站到他们旁边，看他们吵架。

这对恋人看到她的举动，很是不解，因为天气晴朗，并未下雨。他们禁不住停下争吵，好奇地问道："大婶，这么好的天气你为什么撑伞？"

大婶一本正经地说："待会儿肯定要下大雨。你看刚才（你们脸上）乌云密布，（嘴里）雷声轰隆，我看一会儿肯定会下大雨。"

这对恋人禁不住莞尔一笑，气也消了不少。

大婶并未直接制止即将发生的大争吵，而是把这对恋人争吵时的表情和语言比喻为下雨前的天气预兆，让两人之间的火药味悄悄散去。这种幽默的说服方式，更显出大婶的诙谐可爱。

幽默的劝服，不仅是一种高明的技巧，还能让对方感受到你的热情与温暖，从而更加容易采纳你的意见，让"忠言"也"顺耳"了。

二、朋友如何交——巧用幽默开心扉

"多个朋友多条路，朋友多了好办事，在家靠父母，出门靠朋友……"如果可以多跟一些朋友交谈、聊天，就会觉得心胸开阔、信息灵通，还可以取长补短、互相安慰。

可是，在茫茫人海中找到一个志同道合的人不那么容易，并且感情也是需要沟通的，如果不能很好地与人进行沟通，打开彼此的心门，交到的朋友也都是泛泛之交。

如果陌生人见面幽默一点儿，气氛就会变得轻松，彼此的心扉就能够打开，交流也会变得顺畅。新朋友开始时是陌生人，如何迅速拉近彼此距离，使彼此感到相见恨晚呢？幽默是能使此愿望得以实现的黏合剂。

有的人一见面就说："嗯，我一定在哪里见过你。一定见过，好面熟。""是吗？这不可能。""不，肯定的，即使在梦里，也可能见过你。"

许戈和杨洋的汽车在一条狭窄的小巷中相遇了。双方的车停了下来，可是谁都不肯让路。在对峙了一会儿后，许戈干脆拿起书看了起来，杨洋看到后对许戈说："嗨，哥们儿，你看完了，可以借我看看吗？"

一句话逗得许戈哈哈大笑，主动让出了路，之后两人冰释前嫌，互相交换了名片。因为住得比较近，后来两人成了好朋友。

突如其来的幽默让本来都不肯让路的两人成为好朋友，我们不得不佩服这俩人的幽默和大度。生活中各种小摩擦都是难以避免的，这个时候如果激化矛盾只会两败俱伤，更不可能交到好朋友。如果利用幽默的话语将矛盾的

热度降低到零点，那么敌意也可以转化成为友谊。

我们学校新来了一位老师要上观摩课，听课的除了第一次与这位老师见面的学生，还有学校教务处的领导。这位新老师为了消除彼此的陌生感，在讲课之前先做了一个自我介绍，他说："我来自美丽的沿海城市深圳，我姓钱，不是'前后'的'前'，而是'没有钱'的'钱'。"一句幽默的开场白把同学和老师们都给逗笑了，老师跟同学的距离也缩短了很多。在之后的教学中，新老师抑扬顿挫的话语也让课堂上时不时传来阵阵笑声，大家如同久别重逢的朋友，一见如故，教学效果也非常不错。

我们要相信，幽默是任何人都拒绝不了的力量。它具有极大的包容力和亲和力，不仅可以使人轻松营造和谐的氛围，还可以迅速缩短人与人之间的心理距离，达到人我交融的美好境界。

幽默沟通技巧

加入了幽默成分的寒暄是与众不同、活泼风趣的，一下子就拉近了人与人之间的距离。所以，不要总是抱怨与他人无法沟通，很多时候是你没有好的沟通技巧和方式。学会做一个幽默的人，你就会发现在不经意间自己与他人之间的距离已经拉近了好多。

三、想让对方为你折服——反问式幽默为你助力

反问，简单来说就是找出对方的思想、观点中的破绽，提出一个可以针锋相对的问题，因为这类问题的提出往往会出人意料，因此就会产生强烈的幽默效果。

比如，在一个朋友的聚会中，一位男士在旁边高谈阔论，认为只要是流行的都是好的。

"那么，流行性感冒呢，先生？"旁边的一位女士问道。

这位男士顿时哑口无言。

在生活中，类似于这样的反问幽默有很多，往往都可以收到意料之外的效果。

某次，一位男孩经别人介绍去和一位女孩相亲，交谈间女孩问了一个经典而又无聊的问题：

"如果我成了你的妻子，我和你母亲同时掉到水里，你先救谁？"男孩听到这个问题感到非常无语，但又不想直接拒绝回答让这位女孩难堪，于是幽默地反问："如果我和你父亲同时被绑架，你的钱只够赎一个人，你先赎谁呢？"

面对这个问题，很多人不知如何回答，但男孩的一句反问令女孩哑口无言，既幽默又不失风度。

2012 年，莫言获得了诺贝尔文学奖，于是赴瑞典名校斯德哥尔摩大学与研究者、译者和读者们进行交流。

在交流活动的提问环节，一位男生的提问让全场哄堂大笑，他说："我想问的是，莫言老师，您幸福吗？幸福的源泉是什么？我们该采取怎样的方式获取幸福呢？"

莫言笑了笑，然后反问道："你是中央电视台的吗？"随后又说道："起码我在今天很幸福，因为我能和这么多的读者进行交流，看到这么多年轻的脸上洋溢着笑容，所以我感到很幸福。"

莫言的反问很有特色，颇具幽默色彩。因为大家都知道央视曾经做过"你幸福吗"的专题采访，莫言的一句反问"你是中央电视台的吗"，使在场人员将提问者的提问与央视联系在一起，达到了幽默、活跃气氛的效果。

王元和朱特一起坐火车去一个城市。列车员看到王元头上的行李架上有只巨大的木箱子，就对他说："您的这只箱子必须拿去办理托运，如果您不遵守铁路规定，只好请您把这只箱子从窗户扔出去。"

王元坚决地表示："我不能把这只箱子扔掉，也不会去办理托运。"

他们因此事吵了起来，列车长来了也无济于事，最后只好把乘警叫来。

这个警察大声对王元叫道："要不去办理托运手续，要不扔出窗户！"

王元还是说："不！"

警察发怒道："为什么？"

"因为它不是我的！"

大家都吃了一惊："那么它是谁的呢？"

"是我的朋友朱特的。"

列车长、警察、列车员一起转过身来，冲着朱特大叫道："这么半天，你为什么无动于衷？"

朱特反问道："刚才你们谁问我了？"

大家吵了半天，最后追查到朱特身上，本来应该由他来承担一切责任，不料朱特来了一句反问，便把责任推卸得一干二净了！

> **幽默沟通技巧**
>
> 反问幽默法里必须要有问号，这个问号里蕴含的就是幽默。这种幽默方式不同于反唇相讥，似乎只是随随便便的一句问话或者脱口而出的一个玩笑，就可以产生发人深省的幽默效果。

四、想要安慰他人——在幽默中增添一分机智

人生中总会有不尽如人意的事发生，事业的不顺、病痛的折磨、婚姻的不幸，都会给一个人带来精神上的打击。有的人面对打击时经过一段时间的调节可以恢复过来，但有的人则会一直深陷在痛苦之中。那么，作为朋友、亲人的我们就需要给予他们安慰和劝解。安慰的技巧是每个人都应该掌握的，幽默作为一种最有效的安慰方式更是值得我们学习的。

杨澜在主持《正大综艺》的时候，有一次请了一位中学生做嘉宾。由于这个学生是抽签上台的，他前面的嘉宾都是作家、舞蹈家等著名人士，轮到中学生做自我介绍的时候，学生看别人都是家喻户晓的名人，而自己什么成就都没有，就显得特别不好意思，垂头丧气地说："我什么都不是，只是一个中学生。"

杨澜听后，接口说道："中学生才好呢，中学生将来做什么都有可能！"一句话，让中学生的脸上露出了自信的笑容，现场观众也给予热烈的掌声。

正是杨澜机智、幽默的劝解，才宽慰了中学生自卑的心理。当时的情景，如果杨澜不好好处理，不但会影响中学生的情绪，还会影响节目的气氛。杨澜的机智很好地解决了这个问题，恢复了中学生的自信，也带动了场上的气氛。

我的邻居谷静在现在的公司属于老员工了，一直都希望自己可以得到重用。恰好公司的主管因为怀孕辞职了，谷静想自己终于可以受到重用了。可是这次主管的选拔，公司采取了民意测试的方法，全公司的职工选出了自己心目中的主管候选人，可是候选人中却没有谷静的名字。

谷静跟丈夫抱怨说："全公司的人对我故意沉默，这绝对是个阴谋。你说我该怎么办呢？"

丈夫说："你也表示沉默。"

听完这句话以后，两人都笑了，而谷静落选的不悦都在双方爽朗的笑声中烟消云散。

朋友生病也是我们经常遇到的事情，怎样安慰病中的好友也是需要技巧的。我们一般听到的都是："怎么样？好点儿了吗？""看你的脸色好多了。""好好休息吧，很快就会康复的。"这些问候方式未免有些老套，对于缓解病人的心理压力起不到实质的作用。那么，应该怎样给予生病的朋友更好的安慰呢？

有一次，赵庭去看望自己生病的朋友，恰好天降大雪，路非常难走。路上滑倒了很多次，好不容易才到了朋友的家里。

赵庭说："到这来真不容易啊！事实上，我每向前一步，就滑回去两步。"

朋友追问道："那你怎么到这里来的？"

赵庭说："我到不了这儿，生气地骂了声'鬼天气'，就转身往回走了。"

听到这儿，生病的朋友被逗笑了，忘记了病痛，糟糕的心情也得到了缓解。

当朋友失恋、生病时，心情都是很低落的。此刻，他们一定希望你乘着幽默之舟去帮助他们。

合租的杜江失恋以后，整天茶不思、饭不想，在床上长吁短叹。大家都不知道应该如何劝他。天性乐观的王谦对他说："快停止叹息吧！难道失恋的滋味那么好，值得你在床上细细品味？"

幽默的安慰总能让朋友解除失意的压力，把他们从个人的痛苦中拉出来，把坏心情赶走，重新振作精神，脱离很多不愉快的窘境。随着生活节奏的加快，人们的精神压力也会越来越大。对于生活中的那些小事，我们不要过分在意。

现代人的生活压力是很大的，我们经常面对数不清的烦恼和痛苦，使人不堪承受。而幽默却给我们带来了笑声，使我们有了缓解压力、改变心境的可能。

著名演员宋丹丹曾经遇到过非常痛苦的事情，是她事业上的搭档，著名小品演员黄宏及时地用幽默的话语，使她重新振作起来。

当时宋丹丹离婚了，她满眼含泪地说："黄宏，我成了单身了！"

黄宏拿出自己演小品练就的看家本领，幽默地对她说："别难过，你和英达离婚，就像香港回归一样，你终于从英租界回到了祖国的怀抱。"

这一句话，竟让宋丹丹破涕为笑。

黄宏故意把宋丹丹的前夫英达的"英"与英租界的"英"牵扯到一起，形成了极强的幽默效果，达到了劝慰宋丹丹的目的。黄宏常说："幽默是最好的灵丹妙药。"他是这样说的，也是这样做的，他用自己的幽默表演给千万中国人带来了笑声。

不管是事业的低谷、爱情的不幸、病痛的折磨，抑或是年龄的困惑、生意的失利等，一切的不愉快，我们都可以劝慰朋友用幽默的心态来面对，这样一来，一切的乌云都将会被阳光驱散，重新迎来灿烂的晴天。

幽默沟通技巧

要想劝导成功，除了手中要有理之外，还要讲究方式、方法，并且方法要正确、巧妙，如巧用幽默、丝丝入扣、娓娓道来，使话语更加深入人心。

五、拒绝他人时——不妨幽默一下

对于他人提出的要求，我们不可能不做出选择，可能还需要拒绝对方。但直接拒绝往往就会伤害到别人，这个时候就需要展示出你高超的说话技巧。在诸多的说话技巧中，幽默不失为一个很好的选择。下面就是几种常用的方法。

1．故意夸张

夸张式的幽默就是把事实进行无限制的夸张，然后营造出一种喜剧效果。夸张并不是吹牛，吹牛只是简单地吹嘘自己的能力，而夸张是可以扩大或缩小客观的事物，但仍然可以使人感到真实与合理，达到一种幽默的效果。而在拒绝他人的不合理要求时，夸张式的幽默更容易让人理解而又不得罪人。

我的朋友马宁是一个非常幽默的人，我们在一起闲聊的时候，他讲了一个他租房子的趣事。

当时他刚刚找到工作，经济方面并不宽裕。房东在跟他签订合同的时候，在合同上写了一条不合情理的条款：假如马宁不慎摔碎客厅玻璃材质的桌子和茶几，必须赔偿 100 000 元。

我一听心想："天哪，这么贵的东西摆在出租屋里？要是我的话，我直接就拍屁股走人了，这风险我可承担不起。"可马宁说，他看了合同以后，没有表示异议，而且拿起笔在合同上的 100 000 元后面又加了两个零。

"怎么，1 000 万元？"房东非常惊讶地问道。

"是呀！"马宁不动声色地回答道，"反正一样都赔不起。"

马宁在面对房东的不合理条款时，并没有直接表示抗议，而是运用幽默的方式婉转地让房东知道自己的要求是非常不合理的。所以拒绝时没必要硬碰硬，恰当的幽默既可以让你维护好自己的利益，又可以表达出自己的不满。

2．巧用言外之意

有些话不必直截了当地说出来，在拒绝他人的时候，可以巧用言外之意，留给对方思考的部分，比直接说出拒绝的话更容易让人接受。

一位美国女士在读了著名学者钱钟书的书以后十分敬佩，于是打电话给钱钟书希望能登门拜访。钱钟书在电话里说："假如你吃了个鸡蛋，觉得不错，何必要认识那下蛋的母鸡呢？"

钱钟书幽默地将"鸡蛋"比作自己的书，将"母鸡"比作自己。言外之意是美国女士读自己的书就可以了，不必登门拜访，委婉地拒绝了她的请求。

3. 假装埋怨第三者

方圆在一家公司担任接待员，有时候会接到一些让她感到很为难的电话。

"我要和你的老板说话。"

"我可以告诉他是谁来的电话吗？"方圆问道。

"快点，给我接你的老板，我要马上和他说话！"

"很抱歉，貌似他雇我来接电话是很不合算的行为，因为10个电话里有9个是找他的。"

来电话的人笑了，他把自己的姓名及电话告诉了方圆。方圆既要知道是谁找老板，又不能得罪对方，只好采取幽默的方式，用看似自嘲的方式逗笑对方，获得皆大欢喜的结果。

用幽默的方式拒绝别人，不仅可以消除因为拒绝给彼此带来的不快，还能让对方感受到你不予接受的决心，其效果可谓一石三鸟。

> **幽默沟通技巧**
>
> 用幽默的方式拒绝别人，有时可以故作神秘、深沉，然后突然点破，让对方在毫无准备的大笑中失望。有时候拒绝的话像是胡搅蛮缠，但因为它是用幽默的方式表达出来的，所以在起到拒绝目的的同时，也能让别人很愉快地接受。

六、赞美式的幽默——让对方更愉悦

在紧张、忙碌的工作和单调的生活之余，谁不想听到几句轻松愉快的话语呢？那么，这个时候赞美之词就可以发挥作用了。

你曾经称赞过别人吗？不可否认，当我们在称赞一个人的时候，最担心的就是对方的反应。如果你的称赞是漫不经心的，那很有可能就会让别人觉得你有拍马屁的嫌疑。尤其是旁边有其他人在的时候，就更让人为难了，实在不敢大大方方地去称赞一个人。

然而，在必要的场合，还是要大大方方地去称赞对方的长处、成就以及善行。赞美，往往可以让人感觉到愉悦，如果你可以在赞美中加入一些幽默的元素，那么被赞美的对象一定会感觉到更加愉悦。

有一天，李琰戴着一条新项链去上班。我们的同事佟童看到了，开玩笑说："哇！我真是羡慕它啊！"

李琰奇怪地问："咦？你羡慕什么？"

"我就是羡慕那条项链。我好嫉妒它，因为它可以缠绕在美人儿的玉颈上面。"

试想一下，这样的赞美方式会给被赞美者带来什么样的感受，这比起"好漂亮的一条项链"式的赞美不知道要好多少倍，因为那样的赞美往往就会给人一种敷衍的感觉。

在生活和工作中，这种幽默式的赞美可以起到很大的作用。很多时候，如果你兜一圈儿去夸奖别人，就会增进你们之间的感情。

有一个小伙子疯狂地喜欢上了一个姑娘，他对姑娘说："梦中情人啊！我愿意把我所有的财产都放置在你的脚下。"姑娘回答道："你好像并没有多少财产啊？"小伙子说："你说得不错！不过比起你小巧玲珑的玉足来说，它们就显得不少了。"

这个小伙子运用的是上乘的夸张手法，伴随着幽默的语言，将赞美化于无形之中，只会让被赞美者心花怒放。

生物学家达尔文有一次应邀参加一个宴会。在宴会上，他的身边正好坐着一位美丽的女士。年轻貌美的女士带着戏谑的口吻对达尔文说："尊敬的达尔文先生，听说您断言人类是由猴子转化而来的，那么请问我也在您的论断之内吗？"

达尔文望了她一眼回答说："当然！"本想直截了当地回复，但后来话锋一转，却彬彬有礼地对这位女士说："我坚持我的论断，不过您不是由普通的猴子变来的，而是由长得非常迷人的猴子变来的。"

　　达尔文既在这位美丽的女士面前坚持了自己的论点，又在无形之中将女士的美貌夸奖了一番，这种赞美方式不得不说，是非常巧妙的。

幽默沟通技巧

　　人人都喜欢被他人赞美，也不可避免地会去赞美别人。那么，什么样的赞美才能让你避免拍马屁之嫌呢？那就需要在赞美他人的时候，运用一些幽默的技巧，不要只是干巴巴地说"你真美""你真厉害"，要知道加入幽默成分的赞美才会让对方更加乐于接受。

有的人以热情四射尽情展现自己的风采，有的人则以内敛低调展现自己的内涵，有的人说话伶牙俐齿、风趣幽默，有的人表达不清不楚、沟通有障碍。幽默作为陌生人之间最经济的见面礼，具有很强大的震慑力。从容、淡定的幽默态度不仅能活跃周围的气氛，还会给他人留下平和与友善的印象，为自己打造超强的魅力气场。

第五章

活跃社交气氛，幽默打造超强魅力气场

一、想出新意——自我介绍时加点儿"笑料"

在社交场合，幽默的自我介绍就是一个令人刻骨铭心的广告。如何才能让别人记住你，在自我介绍时采用幽默的技巧，无疑能让别人在最短的时间内留下最深刻的印象，为今后的交往打下良好的基础。

然而一段幽默的自我介绍，首先应该从介绍自己的名字开始，请幽默地说出自己的名字，那么一次成功的交际之旅将会让你收获颇丰。

著名学者胡适在一次演讲中，是这样开始介绍自己的："我今天来不是向诸君做报告的，我是来'胡说'的，因为我姓胡。"

他的话音刚落，台下的听众立刻报以热烈的掌声。

他的这句幽默的开场介绍不仅让人们看到这位大学者的谦虚风范和幽默风趣，也顿时拉近了和听众的距离，为演讲的成功做了一个漂亮的开头。

胡适的开场白可谓谦逊之典范。胡适放低姿态，用一个"胡说"进行自嘲，吸引了听众的注意力，调动了听众的兴趣。

有些人的自嘲开场白能准确地表现自己的风格和个性。

在全国第四次文代会上，著名作家萧军应邀上台演讲，演讲前需做自我介绍，他是这样介绍的："我叫萧军，是一个出土文物。"这句话一出，引得大家会心一笑。

这句话包含了太多的复杂感情：有辛酸，有无奈，有自豪，也有幸福。而以自嘲之语表达，形式异常简洁，内涵尤其丰富。不仅让大家联想起他在文坛的地位和曾经的沧桑坎坷，还形象地体现了一个"文物研究者"的身份。简单的一句幽默，让他的个性显得很是鲜明，大家的注意力也不由得被他所吸引。

有一年，中央电视台邀请影视艺术家凌峰参加春节联欢晚会。当时，许多观众对他还很陌生，可是在他说完那妙不可言的开场介绍后，一下子就被观众认同并受到了热烈欢迎。

他说："在下凌峰，我和文章不同，虽然我们都获得过'金钟奖'和最佳男歌星称号，但我以长得难看而出名。一般来说，女观众对我的印象不太好，她们认为我是人比黄花瘦，脸比煤炭黑。"

这一番话嬉而不谑，妙趣横生，令观众捧腹大笑。这段开场白给人们留下了凌峰非常坦诚、风趣幽默的良好印象。

不久，在"金话筒之夜"文艺晚会上，只见他满脸含笑，对观众说："很高兴又见到了你们，很不幸你们又见到了我。"

观众又是报以热烈的掌声。至此，凌峰的名字就传遍了祖国大地。

凌峰的自嘲就是"自我开炮"，这种自嘲开路，幽默搭桥，用诙谐的语言巧妙地进行自我介绍的方式，会使听众倍感亲切，无形中缩短了与听众之间的距离。既巧妙地介绍了自己，又体现了自己谦逊的修养，而且活跃了气氛，一石三鸟，精彩绝伦。

英国作家杰斯塔东是个大胖子，由于"体积"过大，行动往往不太方便。但他也像罗慕洛既不以矮为耻，"愿生生世世为矮人"，也不以胖为耻。有一次他对朋友说："我是个比别人亲切三倍的男人。每当我在公共汽车上让座时，便足以让三位女士坐下。"这轻松愉快的自嘲表现了杰斯塔东高度的自信。

当处于非常窘迫的境地中时，机智地进行自我贬低而产生的幽默，是摆脱窘境的好方法，也是展示人格魅力的法宝。同时也能给对方一种轻松感，使沟通气氛变得更加和谐，更有利于沟通活动的顺利进行。

自嘲，就是自我嘲弄，拿自己的不足甚至是生理缺陷来自我"开涮"，不仅不遮掩、躲避、修饰，反而大张旗鼓地宣传它，博人一笑。就像潘长江在面对自己个子矮时曾说的话，"浓缩的都是精品"。

> **幽默沟通技巧**
>
> 自嘲是一种幽默的表达方式，有着特殊的功用。它可以营造欢愉的氛围，化解尴尬，拉近和别人的距离。从心理学的角度来讲，自嘲是一种幽默的生活态度，体现了自嘲者的高修养、深内涵、低姿态。它融合了幽默的智慧，娱乐大家。

二、笑语打圆场，消融社交坚冰

在职场中，我们常常会碰到各种各样的矛盾，有的甚至是十分棘手的难题，这就需要我们妥善解决它。职场上离不开幽默的语言，我们可以以幽默的语言打开局面，以欢声笑语圆场，在不知不觉中消除尴尬。

在一次盛大的宴会上，一位诗人和一位将军坐在了一起，但他们对彼此都很有敌意，将军看不惯诗人，诗人也不喜欢将军，他们彼此很冷淡。

当举办宴会的主人提到诗歌的时候，将军就会摆出一副不屑的表情。当宴会进行到一半的时候，宴会主持人提议让诗人当场为大家作一首诗。

幽默的诗人推辞说："主持人，作诗没有什么好看的，还是让我们的将军来为大家表演发射一枚炮弹吧！"

将军听到这些话，一下子笑了，并与诗人举杯同饮。直到宴会结束的时候，他们还在聊天。

幽默，可以让互相仇视的两个人一笑泯恩仇。在社会交往中，人际关系并不总是一帆风顺的，也并不总会遇到自己喜欢的人。当"看不惯"占了上风的时候，请学会运用幽默的语言消除冷漠。真正聪明的人，总会依靠幽默使职场变得更富有人情味，变得更顺利，这样才会在社会交往中如鱼得水。

美国有一家大百货商店，门口有一块大的广告牌子，上面写着："无货不备，如有缺货，愿罚 10 万。"

有一个贪婪的人很想得到这笔资金，便去见经理，开口就说："'潜水艇'在什么地方？"经理带他来到第 22 层楼，当真有一艘潜水艇。

他又说："我还要看飞行船。"经理又带他到第9层楼，一看，确实有一飞行船。

这个人还是不肯罢休，问道："可有肚脐眼长在脚下面的人吗？"

他以为这一问，经理必然会被难住了。谁知经理不动声色，平静地对旁边的店员说："你来一个倒立给这位客人看看！"

经理也知道这位客人是在故意胡搅蛮缠，但他灵机一动，想出了这样一句巧妙而幽默的话语，立即就将对方的嚣张气焰给压了下去。

在生活中，我们会处在很多对我们不利的场合，假如我们能利用幽默的语言予以化解，那么我们就可以把握局势，化解危机。

幽默沟通技巧

幽默是一门慧己悦人的神奇学问，在关键时刻，一两句幽默的话语，不仅可以帮助我们消除危机、化解尴尬，还能表现出我们豁达的人格和高尚的情操。

三、道歉运用幽默技巧，原谅不请自会来

社交习惯并不是与生俱来的，它是一门学问。尤其是道歉，要拉下面子去说"对不起"，令人感觉很是尴尬。在我们的生活中，学会正确且有效的道歉是很有必要的。

你也许会说这很容易，一句"对不起"就全部搞定了。"对不起"是我们最常用的道歉方式，当你在超市购物推着购物车不小心撞到了别人，或者你忘记了别人的名字的时候，这种道歉是很合适的。可是，当我们遇到更复杂的情况时，该如何道歉才会使自己脱离困窘，也能让他人真正感受到你的歉意，并且大家能够和好如初呢？

对大部分人来说，道歉不是一件轻松的事情，道歉会让大家感觉到难为情。如果做错了事情，就要请求他人的原谅。道歉也是一门很艺术的学问，

学会幽默，道歉就会变得容易，就不会如我们想象中的那么难以启齿。试着幽默地表达自己的歉意，不仅不会让我们觉得没有面子，还可以很好地化解难题。

马先生在外忙着做生意，所以经常会忘记妻子的生日。妻子为此跟他有过好几次不愉快，所以马先生便向妻子保证说以后一定记得她的生日，会给她庆祝。但不巧的是，妻子今年的生日他又忘掉了，生日已经过了三天他才想起来。

虽然如此，他还是给妻子买了一件精美的礼物，然后送到妻子的面前，说："亲爱的老婆大人，你的样子真是太年轻了，我都没能反应过来你又长了一岁。这也难怪我记不得你的生日。"

本来妻子还一直对这件事情耿耿于怀，但看到丈夫为自己选了礼物，还说了一句这么会心的话，就没了脾气，也原谅了丈夫犯的过失。

马先生在弥补自己过失、给妻子道歉的同时，幽默地声称是因为自己没有察觉到妻子已经老了一岁，因为自己的妻子看起来依旧那么年轻，所以会忘记她生日的来临。马先生如此巧妙幽默地借机称赞妻子年轻，即使妻子再生气也会怒气全消的。

夫妻之间，发生争吵的事情犹如家常便饭，老孙又跟妻子吵架了，他们相互赌气，一连好几天都互不理睬。老孙心想，自己作为男子汉大丈夫，和妻子计较显得太不大度，于是他想了一个办法轻松地和妻子和好如初。

这天晚上，在睡觉之前，老孙在床头柜上放了一张字条，上面写着："孩子他妈，明天请在早上6点钟叫醒我，我有急事需要处理。孩子他爸！"

第二天早上，老孙一觉醒来发现已经7点了，当时他就想，妻子没有叫醒我，难道她还没有原谅我的意思吗？正要生气，却看到床头柜上有张字条，上面写着："孩子他爸，快醒醒、快醒醒，已经6点整了。孩子他妈！"

看到这个字条，老孙再也气不起来了，不禁笑出声来。拿着这张字条跑到妻子面前，妻子看到字条也笑了。

直白的道歉可以有立竿见影的效果，幽默含蓄的道歉方式同样可以得到爱人的欣赏和认同。老孙和妻子之间这种无声的道歉方式实在是非常高明，以幽默的情景喜剧来代替枯燥乏味的语言，解决日常生活中的分歧，可谓是皆大欢喜，有了一个完美的结局。

如果你正为自己做错了事而揪心或烦恼，不知道该如何向对方道歉的话，那就尝试着施展一下自己的幽默魅力吧！

> **幽默沟通技巧**
>
> 对于掌握幽默本领的人来说，道歉并不是一件难事。懂得用幽默道歉，可以让自己的精神世界变得丰富多彩，进而带动自己在客观世界中的快乐，没有人会忍心拒绝真诚的致歉，正所谓"世上无难事，只怕幽默人"。

四、自嘲一下有何难，谦逊更具影响力

自嘲是一种幽默，是一种智慧，更是一种魅力。在人际交往中，人前蒙羞、处境尴尬时，用自嘲来对付窘境，不仅很容易找到台阶下，而且大多会产生幽默的效果。所以自我解嘲，自己把自己"胳肢"几下，自己先笑起来，是很高明的一种脱身手段。

自嘲被称为幽默的最高境界，自嘲是缺乏自信者不敢使用的技巧，因为要自己骂自己，也就是要拿自身的失误、不足甚至生理缺陷来"开涮"。对丑处、羞处不予遮掩、躲避，反而把它放大、夸张剖析，然后巧妙地引申发挥，自圆其说，博得一笑。

著名主持人李咏一直被人们归为"另类"，用他自己的话形容，那就是：长发、长脸、腿不直、油腔滑调。但就是这么一副形象，却深得全国观众的喜爱，他的节目收视率一直很高。如果说李咏的成功有着很多的因素，那么他的自嘲就是不可或缺的因素之一，因为他的自嘲让他拥有了一种别样的魅力。

李咏的脸长而窄，而嘴大眼小，李咏也从不避讳自己脸长的缺陷。一次，有一记者笑着问："你的脸到底有多长，量过吗？"李咏听了一脸坏笑道："今天早上的汗现在才刚流到下巴！"记者又问他："你有没有想过换一个发型？"李咏听了再次打趣道："想过呀，但我的头发又少又软，如何盖得住这长脸？"

适时适度的自我解嘲，不失为一种良好的修养，一种充满魅力的交际技巧。自嘲不仅能制造轻松和谐的交谈气氛，能使自己活得轻松洒脱，而且会使人感到你的可爱和人情味，有时还能更有效地维护对方的面子，建立起新的心理平衡。那么，该如何做到自嘲呢？

抗战胜利后，张大千从上海返回四川老家。临行前好友设宴为他饯行，并特邀梅兰芳等人作陪。宴会伊始，大家请张大千坐在首座。张大千说："梅先生是君子，应坐首座，我是小人，应坐末座。"梅兰芳和众人都不解其意。张大千解释说："不是有句话说'君子动口，小人动手'吗？梅先生唱戏是动口，我作画是动手，应该请梅先生首座。"满堂来宾为之大笑，并请他俩并排坐首座。

张大千自嘲为小人，好似自贬，然而"醉翁之意不在酒"，这既表现了他的豁达胸怀，又制造了轻松、和谐的交谈氛围。在社交中，当你陷入尴尬的境地时，借助自嘲往往能使你从中体面地脱身。

在某俱乐部举行的一次招待会上，服务员倒酒时，不慎将啤酒洒到一位宾客光亮的秃头上。服务员吓得手足无措，全场人目瞪口呆。这位宾客却微笑着说道："老弟，你以为这种治疗方法会有效吗？"在场的人闻声大笑，尴尬局面即刻被打破了。

自嘲不是自我辱骂，不是出自己的丑。这位宾客借助自嘲，既展示了自己的大度胸怀，又维护了自我尊严。用幽默去调侃自己的缺陷和不足，缺陷和不足就会显得微不足道，他人也会愉快地接纳自己。

恰当地运用自嘲法应具有一定的幽默感。幽默感并不是与生俱来的，它需要后天有意识地培养。这就需要我们平时经常看些笑话或者幽默类的小故事，有空在朋友面前多讲讲，讲多了你就会随机应变，自由发挥，也就能掌握幽默技巧，创造性地加以运用。

幽默沟通技巧

自嘲的人在与人打交道时可以做到游刃有余，有幽默感，受人欢迎。自嘲是一种智慧的象征，是知识的象征。自嘲能增加生活的色彩，改变身边的人际关系，将不愉快都付之一笑，予人以欢乐。不失时机的自嘲，展露的是人生智慧与豁达心性，让人莞尔的同时，自己也收获了一份好心情。

五、尴尬时刻，难得糊涂妙解围

聪明难，糊涂更难，由聪明变糊涂更是难上加难。"难得糊涂"是清朝乾隆年间郑板桥传世的名言，是他为官之道与人生之路的自况。其实这"难得糊涂"四字中蕴含着深刻的哲理。

聪明即糊涂，糊涂即聪明，说不清，道不明，就看你有没有"悟性"。"糊涂"不是犯傻，不是愚昧，而是一种气度，一种修养，一种智慧。生活中有些事情不必过分认真，过分计较，还需要一点儿糊涂的态度。

黄磊作为《非诚勿扰》有史以来最年长、人生阅历最丰富的点评嘉宾，一亮相就显露出了与众不同的谈吐与气质。在场上自称是"黄老邪"，幽默搞怪、言语精辟。

29岁的男嘉宾叶超在留学回国后和朋友创立了一家"气味图书馆"，平日里喜欢收集各种味道，晴天的、雨天的、梦境的、爱情的……来到节目现场，叶超为三位老师和24位女生每人都定制了一份味道礼物，还特地为黄磊的爱女多多准备了一份。每份味道礼物，都有叶超的浪漫留言。17号女生李驰忍不住爆灯示爱道："我对味道也特别敏感，而且他浪漫、细心、帅气，正是我喜欢的类型。"

随后，李驰又提出："我想代表全国女生闻一闻黄磊老师身上的味道！"紧接着，扑身上去"闻香识人"，边闻边抒情道："前调像午后的红茶，中调像在广场上骑着单车微风吹过耳畔的感觉，尾调像是到了夜晚盖着被子的味道，

以及口渴了为你端上一杯温水暖暖的味道。"黄磊这时说了一句："怎么感觉我像在过机场安检。"这句话逗笑了全场，轻松地化解了尴尬。

人总是会在不经意间经历让人意想不到的尴尬，如果一味地正面迎对，只会让尴尬升级，但是转移话题，故意装糊涂，不仅会让人佩服你的机智，也会缓解彼此的尴尬气氛，不得不说黄磊是一位高手。

普希金年轻的时候并不出名。有一次，他在彼得堡参加一个公爵的舞会。他想邀请一位年轻而漂亮的贵族小姐跳舞，这位小姐十分傲慢地说："对不起，我不能和小孩子一起跳舞。"

普希金微笑地说："对不起，亲爱的小姐，我不知道您正怀着孩子。"说完，礼貌地鞠了躬。

普希金的"糊涂"很巧妙地回击了无礼的贵族小姐，使自己很体面地下了台。

平时我们缺少幽默感，就是因为太习惯于直截了当。以上两位如果直接道歉或反驳，充其量只是使自己难堪而已。难得糊涂法的妙处在于真则假之，假则真之，正话反说，反话正说，先是迷惑对方，然后大家都能体面地从困窘中退出来。

有时假装糊涂很难在复杂的场合中出奇制胜，这就要求在这些场合中对自己的"糊涂"来一个聪明的回答。

在一些意外场合，常常会遇到一些意外的事情，处理不好就会让人让己尴尬，此时想化解尴尬，不妨就假装"糊涂"吧！

幽默沟通技巧

在日常生活中，遇到难以避免的尴尬事情，我们不妨略施幽默，借助幽默的力量去应对和化解它。有幽默感的人通常思路敏捷、反应迅速，无论在任何环境中，他们都可以从容不迫、妙语连珠，而且总是能凭借幽默的力量化险为夷。

六、出糗不可怕，幽默巧妙转移尴尬

在生活中，尴尬的事情总是发生在我们身边。不经意的一句话或许就会让自己出了洋相。没有人喜欢尴尬的窘迫。然而，有一种人却从来不会害怕尴尬的到来，这种人就是幽默的人，因为幽默可以让他们运用智慧与应变能力，轻松化解尴尬气氛，化解尴尬于无形之中。

曹格在参加某综艺节目录制时，主持人带着"不善"的用意问他："你们家里谁管钱呢？"

这个问题让全场安静下来，大家都想看曹格如何应对这个问题。

曹格灵机一动，随口说道："我和我妻子各管各的，只不过我有的时候需要交保护费。"

说完以后，场上掌声一片，大家都对曹格的敏捷反应表示赞赏，但主持人又紧接着问了一个"不怀好意"的问题："传言您身价上亿，这事您怎么看呢？"

曹格想了想，笑着说道："要真是这样的话，我都想打五折卖了自己。"主持人带头鼓掌，场上的掌声更是经久不息。

曹格的表现既幽默又大气，在主持人的连续追问下不慌不忙，用自嘲的话语成功为自己解围，也把现场气氛推向高潮。

当你遇到急迫而又棘手的问题时，要懂得机智应变，说上一两句幽默的话，就能让自己立于不败之地。而即使是被你惹恼的对方，也会因为你的诙谐有趣而打消与你一决高下的念头。

服务生和顾客双方都用幽默的表达方式，委婉地指出双方存在的分歧。这种方式不取笑、不批评他人，没有伤及他人的自尊，既保护了餐馆的声誉，也维护了顾客的利益。看来，有时候用幽默确实能有效地帮助我们摆脱困境。

娱乐圈近年来很多明星情侣相继出现在人们的视野中，不同于以往的是知道自己的偶像结婚以后，粉丝们并没有出现自杀等暴力事件，更多的人是以祝福的心态去看待自己偶像的另一半。何炅何老师也曾有过被粉丝催婚的经历。

有媒体报道称何炅与女友王菁已结婚多年，并称曾

是《演艺圈》运作总监的王菁比何炅大3岁，在生活工作中给予何炅很多支持，帮他打理很多琐事，几乎等同于何炅的经纪人。对此，何炅发微博回复称："听说我结婚了？怎么没通知我本人参加啊？"用一种幽默以及装糊涂的方式否认了结婚传闻。

试想，如果何炅只是用强硬的态度去否认自己的结婚传闻，或者去追究报道这个消息媒体的失责，或许只会让这个消息进一步扩大，何老师机智的用装糊涂的方式不仅否认了这个新闻，还获得了更多粉丝的喜爱。

说起《天天向上》汪涵无疑是典型的"台柱子"，汪氏幽默总是让人忍俊不禁。当然，在录制节目时都会发生意想不到的事情。

有一次在《天天向上》的录制现场，第二位女嘉宾刚刚上场，嘉宾斜上方的灯就燃了，并且喷出了火花。虽然不大，也轻微灼伤了一位嘉宾。燃爆的刹那，几个主持人都跑开了，只有汪涵没动。他对被灼伤的嘉宾说："你肯定会火。"台上台下哈哈一笑，化解了尴尬、紧张的气氛。

汪涵曾经说过："搞笑有时也是一种掩盖，掩盖所有的不愉快。"录制现场的意外是谁都不想发生的，尤其对于灼伤这种事情，任谁都无法容忍，如果不是汪涵及时的调侃，接下来或许就是与嘉宾经纪人的一通解释了，既耽误了录制时间，又造成了双方的不愉快。

幽默沟通技巧

当你在遇到意外时，不妨用幽默给自己一个台阶，也给对方一个台阶，否则都想要站在高处，如何进行平等的沟通呢？记住，搞笑有时也是一种掩盖方式。

七、顺势而语，幽默口舌巧成事

顺势而语是幽默处世的常用技法，是指依据当时有利的时机，只要有可能，不可过多地纠缠，应顺势而下。不需要特意地去找，自然而然，做得巧妙，不会引起他人的注意，自己依然保持着主动的地位。这种幽默方式是借势就势的一种融合。

一位记者向扎伊尔总统蒙博托说："你很富有。据说你的财产已经达到了30亿美元！"显然，这一提问是针对蒙博托本人在政治上是否廉洁而来的。而对于蒙博托来说，这是一个极其严肃的而且非常敏感的问题。

蒙博托听后大笑，反问说："一位比利时议员说我有60亿美元！你听到了吧？"

记者用一句没有根据的传言来质问蒙博托是否廉洁，蒙博托没有被对方刺激得暴跳如雷，反而幽默风趣地编出一个更大的、显然是虚构的数字来"加重"自己的"罪行"，以讽刺记者所提问题的荒谬与别有用心，同时也间接表明了自己的清白，维护了自己的名誉。

顺势而语的幽默不仅能够帮助人们应对难以回答的问题、化解尴尬的境地，还可以让自己轻松地摆脱困扰。

厨师在烧肉汤，一群食客围了上来。

第一个人从锅里取出一块肉，尝了尝说："盐太少，得加点儿。"

第二个人也尝了一块肉，说："味精太少，得加点儿。"

第三个人也尝了一块肉，说："葱太少，得加点儿。"

于是，厨师从锅里取出一块肉，说："肉太少，得加点儿。"

食客一听，不禁大笑，谁也不再去干扰厨师了。

厨师根据食客的话语，巧妙地来一句"肉太少，得加点儿，"提示食客们已经吃了太多肉，不能再品尝了。厨师一句简短的幽默，就让自己摆脱了困扰，幽默地暗示他们不能再打扰自己的工作了。

舞台上，在击毙敌人的一刹那，手枪竟没有响。当再次射击时，仍无声音。

台下的观众哗然。演员一时不知所措，他慌乱地抬起脚，朝敌人狠狠踢去。扮演敌人的演员却很幽默，只见他慢慢地倒在了地上，然后吃力地抬起了头，用微弱的声音说道："他的靴子，原来有毒！我，我真的不行了。"

观众们一阵大笑，最后演出取得了圆满的成功。如果没有那位演员的幽默应变，说不定就会遭遇冷场的尴尬，幽默智慧让事情可以在意外中得以顺利发展。

幽默沟通技巧

幽默有时是刹那间爆发出的火花，当你处于一个进退两难的境地时，不妨想一想，如何就地取材，用幽默的语言化解此时的尴尬。

八、委婉幽默，成就八面玲珑的你

幽默能让你的回答更加婉转，能让你在融洽的氛围中达到目的。当你遭遇"吃软不吃硬"的人时，当你碍于情面不知怎样开口时，当你"哑巴吃黄连——有苦说不出"时，委婉的幽默都可能帮你解忧，让你成为八面玲珑的社交达人。

在古代，人们对自己的语言和行为的要求是非常苛刻的，特别是对经常陪伴君王身边的臣子们来说，就像时刻有一把无形的刀架在自己的脖子上。俗话说"伴君如伴虎"，一不小心脑袋就会搬家，所以想要生存下去的大臣们都要熟练掌握"劝谏"技巧。

我的同事张俪总是在每周一的早上迟到，一次星期一上班又迟到了。负责考勤的男同事李季问她说："张俪，星期天晚上有没有时间呢？"

"当然有，怎么了？"张俪笑着回答，以为李季是要约她。

"那就请你早点儿休息，省得你每个周一的早上上班迟到。"

李季对于张俪的提醒是善意的，而且又用委婉的方式提了出来，张俪当然乐于接受了。每个人都有自尊心，如果我们伤害了别人的自尊心，必然会引起对方的反感。所以在向同事表达自己的想法和要求时，应该有一个真诚、坦白的态度，而不让对方觉得是在故意挑他的毛病。

如今，人们已经不再受到三纲五常的约束，但是委婉行事仍然是人与人之间相处的基本原则，社会关系是十分微妙的，需要我们谨慎处理。特别是上级和下级之间，不管是批评或者赞扬，都应该把握一个度，既要维护作为上级的威严，又不能让下属对自己敬而远之。

某公司经理平日里对员工非常严格，员工们在背后都叫他"雷公"。有一天，一名员工从外边出差回来，看到经理的座位是空的，以为经理不在，便问同事："雷公不在吗？"

刚说完，他发现经理正在办公室屏风的另一侧与客户谈生意。经理应该听到了他讲的话，这名员工开始坐立不安。经理谈完生意并送走客户以后，便来到这名员工身边。这名员工急忙向经理道歉，没想到经理笑着说道："我们的雷公并不一定只有在夏天才会响的。"

想必经理说这句话的效果要比平常的严厉责骂好得多。通过幽默的批评，经理在员工心目中的形象也改善了不少。一贯的批评和指责有时很难让下属心服口服，如果在话语中带有浓厚的幽默语气，再满面笑容地表达出来，就冲淡了批评的意味，同时也能达到促使对方改正的目的。

幽默沟通技巧

在给他人提出批评、建议的时候不妨加入一点儿幽默的色彩，这样可以让对方在快乐的情绪中接受你的建议，而不是让你的好意成为对方眼中的"挑刺儿"。

在竞争激烈的社会，想要脱颖而出，在有能力的基础上还要懂得"宣传"自己，给自己造势。这就像一个企业生产的产品，单是质量好还不足以胜出，还得借助广告效应，因为"酒香也怕巷子深"。

在公司中重要的关系就是员工与上司之间的关系。聪明的下属在上司面前不会做作，懂得幽默，让上司对自己充满好感。学会和上司沟通，要懂得幽默地展示自己的成绩，让上司看到你的努力和成绩，从而欣赏你、提拔你。

第六章

幽默给点儿力，瞬间赢得上司的好感

一、幽默，晋升的快捷方式

勤奋工作的业绩是获得晋升的基础，而工作业绩的认可度主要由上级领导决定，因此能不能赢得上级领导的赏识、肯定和支持，就决定着能不能获得晋升。

对于许多职场人士来说，最大的苦恼莫过于工作很卖力，却得不到上司的赏识，只懂得埋头苦干并不一定会得到上司的赏识。美国人力资源管理专家科尔曼提出："职员能否得到提升，很大程度上不在于是否努力，而在于老板对你的赏识程度。"那么，如何才能得到赏识呢？

假如你因为得不到上司的赏识而苦恼，或者想在公司有一番作为，不妨将与领导交流的方式变得幽默一些，说不定会达到出人意料的效果。

有一个年轻人来到麦当劳应聘钟点工，老板问他："你会做什么？"他说："我什么都不会，不过我会唱歌。"

老板说："你就唱一首歌试试吧。"

于是，他就开始唱歌了："更多选择，更多欢笑，就在麦当劳!"

老板一听就笑了，随后又问了他一些对于麦当劳有什么了解之类的问题。

最后，年轻人被顺利录用了。

上面的例子中，年轻人在面试中借助了幽默的力量，他首先就以唱歌的方式说出了麦当劳的广告语，不仅顺利博得老板一笑，同时还获得了老板的好感。

张清在一家大公司工作，他常常在工作时间到理发店理发，这肯定违反了公司的规定。

有一天，当张清在理发店时偶然遇到他们的经理也来理发，他想躲，可是经理已经认出了他，经理对他说："好啊，张清，你居然在工作时间来理发。"

"是啊，经理，可是你也知道头发总是在上班的时间长啊!"张清冷静地说道。

"不完全是吧，有一些是在你的自由时间里长出来的。"经理马上说道。

"是的，经理，所以我并没有完全把它们剪掉啊！"

试想，如果不是张清机智幽默的回答，上班时间私自外出理发，经理一定会对张清进行惩戒。正是幽默的话语改变了张清与经理的对峙关系，化解了尴尬的气氛，让经理也不好意思再对张清进行指责。

领导不论身居什么样的要职，也都是人不是神。他一样会有普通人的喜怒哀乐，也可能在个人喜怒好恶的支配下说出一些令人尴尬的话，做出一些有可能招致误解的举动。

张 经理对下属非常刻薄，经常在大半夜打电话让下属去做报表。有一次，张经理又给刘津打电话，但刘津不慌不忙地说："等我读完这本书再说。"

经理问："都这么晚了，还读什么书？"

刘津立刻反问道："既然这么晚了，还做什么报表呢？"

张经理听了这句话，便打消了半夜催促下属做报表的想法。

张经理大半夜让下属加班做报表的行为明显不合适，但刘津为了不直接顶撞经理，采用了幽默的沟通方式，让上司理解自己的行为是不合适的，使其哑口无言，避免了硬碰硬带来的严重后果。

当工作太累的时候，很多职员都会偷个小懒，这时如果被老板抓了个现行，你会怎么应对呢？

有 一个建筑工地的工人被安排去搬运东西，可是他每次只搬一点儿。工头实在看不过去，不得不开口询问。

工头："你在做什么？你看别人每次都搬那么重的东西！"

工人："嗯哼？假如他们非要像我这样搬这么多回，我也拿他们没办法。"

工人幽默的应对，使工头也被逗笑了。

工人以幽默的语言为自己的偷懒行为狡辩，老板就算批评他，也会比较随和，责罚也会轻一些。

毫无疑问，幽默可以拉近跟上司的距离。不过生活中任何事情都不是绝对的，跟上司距离的远近也同样如此，距离太远或太近都是不合适的。

二、自我推销，幽默感不可缺少

要想得到别人的认可，尤其是得到领导的赏识，除了具备基本的能力，能够胜任对应的工作，自我推销也是必不可少的，甚至推销方法的高明与否都会成为决定成败的关键。有些人因为推销方法不到位，即使才华横溢，也不能给上司留下好的印象，一直在平凡的岗位上碌碌无为。如果在自我推销的过程中，加入一些幽默的成分，那效果就会大大的不同。

古玩店招聘售货员，一个年轻人前来应聘。

老板从地上捡起一小块木屑，把它放在红丝垫子上，问道："这是什么？"

"乾隆皇帝用过的牙签。"

"好极了，你现在就开始工作吧！"

这位年轻人的回答出人意料，虽然没有一句话是对自己能力的宣传，却用幽默的方式将自己的推销能力表现得淋漓尽致，得到了老板的认可。

幽默在求职过程中可以体现你随机应变的能力以及对自我价值的肯定。其实，一个求职者的价值很大部分是说出来的，幽默的口才可以让你最大化地宣传自己，无论这种幽默的宣传是一种语言，还是一种行动。

美国著名的销售大师杰弗里·吉特默特意给他的猫制作了一张名片。每次推销的时候，他都会对客户说："我的丽托猫有一张属于自己的名片。它是我的吉祥物，不管我要找哪份重要文件，总会发现它躺在上面，这很有趣。而我每次参加研讨会的时候，我总会散发它的名片，原因不过是为了逗人一笑。但是，每个收到名片的人都会保留它，把它拿给别人看，并和别人谈论我。"

杰弗里·吉特默为他的小猫设计名片并且分发给客户，这是十分幽默有趣的举动。借助这种方式，杰弗里·吉特默成功地推销了自己。

在自我宣传中，还可以采用自夸的幽默技巧。有些人觉得自夸可耻，可是事实告诉我们：它是一种宣传、广告，是一切商业行为的基础。

英国是一个高福利和高薪制的国家，只要能找到工作，一般都能拿到理想的工资，但要找工作却不是一件易事。有一位 22 岁的年轻人，是名牌大学的高才生，大学毕业后一直找不到工作。尽管他有大学新闻专业的学历，但在竞争激烈的人才市场上，经常到处碰壁。

为了找到一份合适的工作，这位年轻人从英国的北方一直到首都伦敦，几乎跑遍了全国。一天，他走进《泰晤士报》编辑部。

他鼓足勇气非常有礼貌地问道："请问，你们需要编辑吗？"

对方看了看这位貌不出众的年轻人，不冷不热地说："不要。"

他接着又问："需要记者吗？"

对方回答："也不要。"

年轻人没有气馁："排字工和校对呢？"

对方已经不耐烦了，冷冷地说："你不用再白费口舌了，我们这儿现在不缺人手。"

年轻人微微一笑，从包里掏出一块制作精美的告示牌交给对方，说："那你们肯定需要这块告示牌。"

对方接过来一看，只见上面写着漂亮的钢笔字：名额已满，暂不招聘。

这大大出乎对方的意料，这位主管被年轻人真诚而又幽默的求职行为所打动，破例对他进行了全面考核。结果，他幸运地被报社录用了，并安排到

与他的才华相对应的对外宣传部门工作。

事实证明，负责招聘的主管没有看错人。20 年后，年轻人成了《泰晤士报》总编。这个人就是生蒙，一位资深且有良好人格魅力的报业人士。

幽默沟通技巧

不要把求职看作一项必须要态度严肃的事情。在求职过程中，不妨运用幽默的口才来宣传自己、销售自己的媒介，幽默的口才和创意的思维会让你在求职中如鱼得水，获得意想不到的效果。

三、上级遇尴尬，下属幽默来救驾

俗话说："人非圣贤，孰能无过！"即便是再优秀的上司，也会有工作失误的时候。领导如果遇到什么尴尬场面，作为下属，在这个时候替领导打个圆场是分内之事，领导也会因此更加喜欢你。适时幽默地为领导打圆场不仅可以保全领导的颜面，而且也是在为自己的前途发展奠定基础。

如果想要成为得力助手，就要学会一些必需的说话办事的技巧，其中很重要的一点就是：当上级的言行可能会招致他人的误解时，可以采取适当的举动将其言行朝幽默的方向引导，使尴尬紧张的气氛重新轻松下来，也就是要学会为领导打圆场。

2009 年 CCTV 春节联欢晚会直播时，舞蹈《蝶恋花》需要 LED 屏幕的配合。在演员登场之前，由于电脑技术方面出现问题导致节目卡壳。还好此时董卿幽默地打圆场："这个技术是第一次应用到舞蹈中，既然是第一次，就要面临许多问题。我们稍等一下。我觉得今天现场的观众都是最幸运的，你们看到的这个失误是别的观众看不到的，是真正的幕后。"一连串巧言妙语立刻缓和了现场的尴尬气氛。

做领导的一般都比普通人更注重面子，尤其是下属在场的时候。如果在公众场合碰到了尴尬，是非常令人难堪的事情。这时作为下属，就应当站出来，替他打个圆场。用幽默的语言来缓和这种尴尬，让自己在领导心中有更好的印象。

能够替领导打圆场的幽默下属，他们在为领导开脱的同时也是在为自己说话。领导喜欢的是能为自己排忧解难、出谋划策的下属，而不是见事就躲、不替领导打圆场，甚至把尴尬硬推给领导的下属。

> **幽默沟通技巧**
>
> 人非圣贤，孰能无过。在职场上，上司也会有出现失误的时候，下属如何向上司提示工作中的失误也是一件非常微妙的事情。这个时候就要充分考虑上司的心理变化，运用幽默的色彩，既能让上司认识到自己的错误，也不会得罪上司。

四、给领导提意见，幽默方式更可取

俗话说"官大一级压死人"，所以对上司一定要尽量尊敬。如果你不小心刺伤了上级的面子或者是自尊心，遇到心胸宽广的领导还好，要是遇到那些心胸狭窄的领导，以后必然会想方设法为难你。

那么，对于上级的错误是不是就可以置之不理了呢？当然不是，即使在古代，也有"人非圣贤，孰能无过"的说法。上级也是人，也同样会犯错，上级犯了错误也一样要提意见，只不过需要一些提建议的技巧。比如，在幽默中把你的建议表达出来，就是一种不错的选择。

一个小伙子到一个公司去求职。

经理说："对不起，应聘的名额已经满了，要到我们单位的人已经有许多了，他们的名字我根本登记不完。"

这个小伙子没有垂头丧气，而是喜形于色，说道："太好了！太好了！既然你都忙不过来了，就说明贵公司还需要人，您就安排我做登记员吧！"

经理一笑，觉得这个小伙子很幽默，而且说的也有道理，就安排人给这个小伙子进行了面试。后来，小伙子通过自己完美的表现顺利地通过面试并到了这家公司上班。

这个故事从侧面反映了领导更愿意接受幽默建议的事实。人都是爱面子的，领导更是如此。因此，给领导提意见，不仅要有技巧，还要讲究把握好一个时机。

身处职场,我们不能简单地把收入和能力画上等号。但是,收入毕竟是我们工作能力和价值的一种体现,没有人不希望自己的工作可以跟收入成正比。那么,应该如何跟上司表达自己想要提升工资的愿望而不会误踩"地雷"呢?这就需要选择合适的时机、合适的地点、合适的方式提出建议,上司才更容易接受。

张涛在一家外资企业工作,是一个非常有才华并且智慧出众的人。他连续两次提出的建议都被公司主管采纳了,并且这两个建议很快让公司销售业绩得到了提升。

老板很高兴,鼓励他说:"继续加油,我不会亏待你的。"

听了老板的话,张涛用开玩笑的口吻说:"您就放心吧,我相信您会把这句话一起放进我的薪水口袋中的。"

老板听完会意地笑了,爽快地说:"会的,一定会的。"

不久之后,张涛就实现了加薪的愿望。

在领导心情比较愉快的时候可以适当地给领导提出建议,但千万要注意一个度的问题,最好做到点到为止。千万要记住,领导也是人,他也有喜怒哀乐,因此在提意见时千万不能去破坏领导的心情。

同时,提意见的目的是要让领导考虑你的建议,而不是逼迫领导同意你的建议,因此不管是在语气上还是在说话方面,都要注意不能让领导对你感到厌烦。

一位将军早上视察士兵的时候,顺便询问士兵们的早餐状况。大部分士兵都含糊其辞地对他说"还行""可以",只有一位士兵很满足地说:"半片蜜西瓜、一个鸡蛋、一碟腊肉、一碗麦片粥、两个夹肉卷饼、三块蛋糕,长官。"

将军听了之后,满脸疑惑地问这位士兵:"这都快赶上国王的早餐了!"这位士兵毕恭毕敬地对他说:"长官,很遗憾,这是我在外面餐馆吃的。"

在这次视察之后,将军马上下令改善士兵的伙食状况。

这是一位很善于迂回表达对军中伙食不满的士兵,他采用有些幽默俏皮的语言,既可以让长官一下子就明白了士兵想要的伙食标准,又可以让长官很容易接受自己的想法。

在面对上司时，我们就要学会幽默地表达自己的看法，敢于提出合理的建议。只有这样，我们在职场上才会有更广阔的发展空间，才能离成功更近一些。

幽默沟通技巧

当下属在给上司提建议的时候，如果想使自己处在进可攻、退可守的有利的位置，甚至是立于不败之地，最好可以借助幽默的力量，把建议含蓄、委婉地表述出来。

五、幽默说"不"，让上级开心地接受

大家都知道，拒绝别人的话，有时很难说出口，尤其是拒绝领导时，更是难上加难。而幽默的拒绝可以故作神秘、深沉，然后突然点破，让对方在毫无准备的笑声中被拒，这样，在达到拒绝目的的同时还能让对方愉快地接受。

某互联网公司的经理已经三十岁出头，还没有对象，因为员工刘颖工作能力突出，经常和她交流，于是渐渐对其产生情愫。刘颖刚开始不知道，以为自己得到了领导的赏识，十分高兴，所以在工作以外也经常和经理聊天。但后来公司传出小道消息，都说经理和她在谈恋爱。经理对这种小道消息不予置评，微笑面对，更让其他员工确信他们在谈恋爱。

这种误会让刘颖难以承受，所以除了工作之外，她开始尽可能地疏远经理，与经理保持距离。有一次，公司举行联欢会，经理邀请刘颖跳舞。刘颖本想拒绝，但当着众多同事的面，她不好意思直接拒绝，只好和经理跳舞。

刘颖迈着生硬的步伐，时不时地踩住经理的脚，经理微笑着不吭声。过了一会儿，当刘颖看到有的人空闲时，突然急中生智地对经理说："经理，让我也踩踩别人的脚吧，总踩您的脚，我心里有些过意不去。"

刘颖为了尽量减少与经理待在一起的时间，拿自己不会跳舞、总踩对方脚的缺点开涮，自嘲了一把，表面上还带有体贴的意味，幽默的拒绝方式肯定能让经理明白她的意思，同时也不会让经理下不来台。

有一个叫吉尔的人，他上班经常迟到。上司忍无可忍地对他说，如果他再迟到就一定开除他。接下来的几天，吉尔都起得很早，但这天

又睡过了头，他想这回上司铁定要把他"踢"走了。吉尔来到办公室的时候，办公室里悄然无声，每个人都埋头干活，一个同事冲他使个眼色，示意上司生气了。

果然，上司一脸严肃地朝他走了过来。吉尔迎着上司快步走过去，满脸微笑地握住上司的手说："您好，我叫吉尔，我是来这里应聘的，我知道35分钟之前这里有一个空缺，我想我应该是最早来应聘的吧，希望我能捷足先登。"

我是来
应聘的！！

说完，吉尔一脸自责又充满希望地看着上司。

办公室里突然哄堂大笑，上司也憋不住笑了："算了，快点儿工作吧！"

就这样，吉尔用自己的智慧和幽默，避免了上司的"炒鱿鱼"，成功地保住了自己的"饭碗"。

在日常工作中，对于上司提出的要求，我们不能一味地用"是"来应对，一定要学会拒绝。有的人不愿意对上司说"不"，担心使自己陷入了尴尬之中，或者使上司认为自己能力不够，甚至会造成跟上司之间关系的不融洽。

事实却恰恰相反，说"是"同样会出现这些问题。如果想缓解直接拒绝带来的负面影响，我们可以往语言里加一点儿幽默的调料。这样不仅能维护上司的面子，还可以给自己解了围，正可谓"一举两得"。

幽默沟通技巧

在日常工作中，我们难免需要拒绝上司的一些要求，幽默的拒绝方式能让对方不受到伤害，并且在轻松的氛围中改善你的处境。

六、上司出现失误，巧借幽默来暗示

上司有了失误，假如下属的谏言引起上司的厌烦，那无疑会陷自己于职场的不利境地；假如下属能够轻松愉快地让上司意识到自身的问题，那无疑会获得上司更多的信任。

再优秀的上司，也会有工作失误的时候。当下属遇到这种情况之时，最好的办法是让上司心悦诚服地认识到自己的失误，而且又不会让上司觉得丢面子。那么，如何才能达到这样的效果呢？

能做上司的人大多数都是聪明人，下属在指出上司的错误之时，多用一些含蓄的幽默之语，就可以在顾全上司颜面的同时，顺利达到自己的目的。这种寓言于笑的说辞，不仅能让上司听起来顺耳、易于接受，还能让上司对自己的失误有更为深刻的印象，从而进行更为深刻的反思。如果在暗示上司时，采用这种幽默的技巧，一石两鸟，何乐而不为呢？

有一家公司在6月份的销售额非常不理想。在月底总结时，公司主管大发脾气，对销售员们撂下狠话："就你们这种工作水平，怎么在市场上混呢？要是你们无法胜任这份工作，会有人替代你们的！"

随后，他又指着一名刚进入公司的退役足球队员，问道："如果一支足球队无法获胜，队员们全部都要被撤换掉，是不是？"

沉默片刻过后，这位前足球队员回答道："主管，通常情况下要是整支球队都有问题的话，我们一般要换个新教练。"

对于销售额不理想的事实，这位主管并没有从自身找原因，而是埋怨下属，这对下属们来说是不公平的。因此，当主管想通过这位新来的员工证实他责怪下属的行为是完全合理的时候，这位员工幽默地以间接方式通过自己以前的亲身经历打了个比方，巧妙地暗示出主管的不足，同时还让主管对自己的行为有所反思。假如他选择直接反驳主管的话，极有可能起不到任何作用，甚至还有可能恶化自己和上司之间的关系。

有一天，上司交给我一封信，告诉我一定要把信寄出去，非常生气地说："李老板那个家伙，我把他好好骂了一通！"

这是因为在昨天的交流会上，上司发现和我们一直合作的李老板的材料价格比另一位张老板的价格高出很多，于是非常生气。但我觉得张老板的价格低可能是因为质量不同，可是也不敢跟上司顶撞。

我现在要做的就是马上将信寄出去，但是如果寄出去，张老板的货出现问题，上司再回过头来找李老板，李老板未必愿意将货发给我们公司，最后吃亏的还是公司啊！

出于对公司利益的考虑，我觉得这封信不能寄。但上司脾气比较火爆，如果不遵从他的意思就会将其惹怒。

经过仔细考虑，我决定跟上司谈谈。我敲开了上司的门，上司问："信寄了？"我忙说："还没有。我突然想起了一件事情！"上司愣了一下，我接着说："我上个星期和弟弟吵架了，他给我买的一条牛仔裤和我买的是一个牌子，但我买的裤子比他买的便宜100元钱，当时我说他缺心眼。可是，今天我突然发现自己买的那条品牌裤子是假的。所以我想在寄信前给弟弟打个电话，向他道歉。因为弟弟明天就出差了，我怕……"

上司听到我这样一说，连忙挥手说："那你先别寄信，给你弟弟打电话吧。我等两周后再决定是否要寄这封信。"我会意地笑了。

两周后，上司发现张老板的材料质量确实不行，而此时上司还可以继续和李老板合作。

上司也不是神，也有自己的喜怒哀乐。根据自己的情绪进行决策，难免出现工作中的失误。这个时候下属就要适当地运用幽默的方式指出上司的失误，这样既不会得罪上司，也不会造成工作中的失误。

幽默沟通技巧

当上司出现失误时，如果下属的建议引起了上司的厌烦，那他无疑就会陷入不利境地；如果下属可以用轻松、幽默的方式让上司意识到自身的问题，那必然会赢得上司更多的信任。

七、与上司开玩笑，不会掌握分寸你就死定了

生活中，几乎没有人讨厌幽默，幽默的人也往往更容易让别人愿意和他亲近。可以说幽默是人际关系的润滑剂，是一个人智慧、心态、风格、语言能力的集中体现。

虽然幽默有很多好处，但用在和领导说话方面还是有一定学问的。其中的关键是与领导开玩笑要符合双方的身份，开玩笑的目的是赞美他、抬高他、尊重他，玩笑的内容是善意的、阳光的、积极的，要让领导觉得普通的言语到了你的嘴里说出来就是不一样，就是中听。如果开玩笑不懂得把握分寸，就很容易招致领导的反感，甚至冒犯领导的尊严，后果不堪设想。

大明所在的公司来了个客户，要找他的领导签字。领导签完字以后，对方连连称赞领导的字写得好，说："您的签名可真气派！"大明正好走进办公室，听到称赞声后，一阵坏笑，说道："能不气派吗？我们领导暗地里练了3个月呢！"此话一出，领导和客户的表情立刻都变得很尴尬。

后来，领导就开始找他的茬。有时，由于加班造成浑身疲惫而出点儿小差错，领导就会指责大明对工作不负责任，任凭大明怎么解释都不行。大明觉得很委屈，以前自己或同事也会出现点儿小漏洞什么的，领导也没这样批评过他。

后来他终于明白了，现在领导对自己这样，都是因为那次的玩笑让领导感到他的尊严受到了侵犯。

在和领导开玩笑之前，一定要提醒自己：领导永远是领导，不要期望在工作岗位上能与领导成为多么亲密的朋友。

阿芳上学的时候就非常聪明，老师说她的脑子灵活、言语犀利，还有丰富的幽默细胞。无论上学还是工作，她都是大家的一颗"开心果"。

然而，她在一家公司已经工作3年了，仍然只是一名仓库管理员。到底是什么原因使她在工作上没有得到提拔，她自己也说不好。

一天，阿芳向研究心理学的表哥提出了这个问题，表哥问她："你平时有没有在言辞上对上司不敬啊？"

阿芳一愣，想她平时除了爱开玩笑，没有其他的毛病了，难道是她向上司开玩笑引起的？于是，阿芳想到了最近开过的玩笑。

那天，上司穿了身新衣服去上班，灰西装、灰衬衫、灰裤子、灰领带。同事都没有说话，只有阿芳高声地喊着："哎呀，领导穿新衣服了？"上司听了抿嘴一笑。阿芳竟然捂着嘴笑道："哈哈，您这样穿好像只灰耗子！"

现在仔细一想，好像问题就出在这里。阿芳平时工作很勤奋，每天加班加点，有时工作中出现差错的时候，上司不仅不体谅，还不分青红皂白地说她懒惰，怎么解释都无济于事，当时她觉得很委屈。现在看来，终于弄清楚真正的原因了：和领导玩幽默没有分寸，玩笑开大了。

在一般人眼里，开玩笑没有分寸的人多数是热衷于挑刺儿的人，这类人往往被视为"刻薄"，容易引起他人反感。在同事或朋友、同学之间开玩笑，也许会一笑了之，但如果冒犯了上司的尊严，其后果是相当严重的。

同样一个问题，也许你觉得没有什么，然而你的上司会觉得问题很严重。即便自己以前和领导是同学或是好朋友，也不要自恃过去的交情和领导乱开玩笑，特别是有其他人在场的情况下，更要谨慎言行、把握分寸，否则就会自食恶果。

幽默沟通技巧

幽默是拉近人与人之间关系的桥梁，但是在与上司开玩笑的时候，还是要进行准确的定位。适当的幽默才会与上司拉近关系，不把握尺度的幽默只会自食恶果。

八、说错话了，幽默救场最可靠

俗话说"人有失足，马有失蹄"，谁都会有失误，每个人也都是在一次次的失败中成长起来的。播音员、主持人也不例外，虽然他们有着超人的口才和临场应变能力，但是面对亿万观众时，也会出现一些口误。作为普通大众，更是难免会说错话。

对于有些口误，并不会引起人们的注意，但有些口误就会让所有人都目瞪口呆，自己也会感到万分尴尬。遇到这样的情况，就要看怎么给自己圆回来，这也是最考验我们幽默的时刻。

中央电视台著名主持人董卿一直有着超强的亲和力，深得观众的喜爱。在中央电视台 2009 年春节联欢晚会上，在为相声《新五官争功》报幕时，将"马先生的儿子马东"说成了"马先生的儿子马季"，引起舆论大哗。

由于马季的知名度，使董卿的这次口误看起来不可原谅。尽管大多数的观众表示了对她的理解，但对一个优秀的主持人来说，仅仅得到观众的理解是远远不够的，如果不能想办法将这次口误化解掉，那很可能给自己带来长久的、很大的心理影响。因此，董卿抓住了机会巧妙为自己圆了这次口误。

在这一年的在元宵晚会上，董卿也悄悄地动了一把"小心思"。元宵晚会上，《新五官争功》原班人马再次出山，带来群口相声《五官评春晚》。也许是导演组刻意安排，也许是董卿主动提出，总之他们出场前的串词还是由董卿来报。只见她面带微笑，放缓语速，刻意在"马先生的儿子"后面拖长了音，并且加重了音调才接着说出后面的"马东"二字，引来观众的会心一笑。

随后马东一登台，也略带调侃地说："为了我们爷儿俩这名字呀，董卿连年都没过好，辛苦了!"这一搭一唱，既弥补了春晚上主持人小失误的遗憾，也巧妙地给观众道了个歉。

董卿在这次口误事件的处理上，显示了她的聪明和幽默，无疑是非常成功的。她的处理手法很巧妙：同样的串词，巧妙地在导致口误的地方拉长音，放缓节奏，引起了观众的注意，大家都在竖着耳朵听后面会出现"马季"还是"马东"呢。然后，她正确地讲出后面的"马东"二字，让观众会心一笑。

这就有点儿一切尽在不言中的味道了，在轻描淡写中将口误的影响化于无形。她自己也在这一缓一接中，圆了自己的口误，救赎了自己的内心，事情也就到此圆满终结了，这就是董卿幽默口才的完美体现。

事实上，口误在我们的生活中非常常见，一般生活中的口误也无伤大雅，相反还会博人一笑。如果在一些较为正式的场合出现了口误，不能及时、巧妙地圆回来，那就会导致严重的后果。而那些思维和语言机敏者却能自圆其说，化险为夷，甚至变"废"为宝。

有一次，凤凰卫视的当家花旦吴小莉受邀主持某活动。这位资深主播在介绍嘉宾时，居然不小心搞错了对方的性别，引起一场不大不小的尴尬。

或许吴小莉被现场观众们的热情冲昏了头，在介绍到场嘉宾时，竟然将一位先生说成了女士！当这位被改了性别的嘉宾起立时，吴小莉面露尴尬，赶紧道歉："哦，对不起，是位先生。看来我下次要向主办方要一份注明嘉宾性别的名单了。"

幸好吴小莉巧妙地将这个小错误推给了主办方，在接下来的介绍中她干脆省掉了女士或先生的称谓。谁料这一招却被台下的嘉宾看穿了，都窃窃私语道："无论男的女的，她都不念，聪明！"

因此，当出现失误说错话的时候，千万不要慌张，关键在于懂得亡羊补牢，伺机施以妙语挽回失误，这样不仅趣味横生，还可以体现你的智慧，将自己无心的失言转化成为一种幽默的情趣。

幽默沟通技巧

意外总是无法避免的，尤其是口误，一旦出口你可能就会追悔莫及，但是不要慌张，运用幽默的技巧亡羊补牢，把失言转化成为幽默的情趣，反而会赢得对方的钦佩。

作为人生发迹的手段之一，幽默和魅力是一对效力惊人的组合。

幽默大师卓别林说："幽默是智慧的最高表现，具有幽默感的人最富有个人魅力。他不仅能与别人愉快相处，更重要的是拥有一个快乐的人生。"作为领导，想要拥有超人的魅力，不妨借助幽默这种利器。

第七章

管理"笑果"好，幽默提升领导魅力

一、假如你是老板，请和员工一起笑笑

优秀的上司能增强自己在下属心目中的威信并得到下属的敬重，这样的上司不会整天板着脸，摆出一副盛气凌人的样子，而是能适当展现出自己幽默风趣的一面，树立和蔼可亲的形象。

身为"堂堂领导"，总是希望要有足够的"官架儿"，觉得这样才能够威慑众人。所以，有些领导在下属面前就会简单粗暴地处理问题，最终导致下属产生强烈的逆反心理，这样不仅达不到目的，还会加剧领导与下属的对立情绪。而聪明的领导者就会非常注意方式与方法，巧妙地运用幽默，经常和员工一起笑笑。

聂宁公司的销售部经理职位出现了空缺，于是部门精英们个个摩拳擦掌，尤其是几位主管，为了这个职位似乎要争得头破血流。然而，最后这个职位落在了聂宁的头上。

聂宁知道自己上任一定会引起公司众多元老级人物的不满，于是在致辞会上，他挖空心思地说："销售部的能人太多了，不管是提升谁当经理都是一种不公平，所以公司才找了我这么一个有傻福的人来。我这个傻人就好比是蜡烛的芯，看起来最亮，处于烛火的最高点、最中心，可是我自己根本不能燃烧奉献，还得要依赖各位。我全靠你们了，请大家帮帮忙，不要把我烧焦了啊！"

聂宁的这番幽默致辞逗得部门里的人前仰后合，早就把要给聂宁一点儿"颜色"的事情抛到脑后了。

一个平易近人、幽默风趣的领导，很容易获得下属的好感。如果你把别人逗开心了，别人自然也就变得"好说话"了，不会再将你视为敌人，甚至还可以跟你成为值得交心的朋友。这就是幽默的谈吐在职场关系中的奇妙作用。

人人都喜欢与幽默的人一起相处，幽默的领导者比古板、严肃的领导者更易于与下属打成一片。有经验的领导者都知道，要使身边的下属能够和自己齐心合作，就有必要通过幽默使自己的形象人性化。

著名的挪威探险家图尔·赫伊叶尔达勒在为"野马号"挑选乘员时，就十分注意他们是否有足够的幽默感。他曾经这样写道："狂暴的寒风、低沉的乌云、弥漫的风雪，但这与 6 个由于性格不同、主张不一的人组成的团队可能出现的威胁相比，只算是较小的危险。我们 6 个人将乘坐木筏，在汹涌的洋面上漂流好几个月。在这种条件下，开开有益的玩笑，说几句幽默的话，对我们来说，其重要性绝不亚于救生圈。"

2006 年，凤凰卫视给为其服务满 10 年的员工发了一个大大的白金戒指。在颁奖仪式上，主持人称董事局主席刘长乐非常重视这一时刻，带病参加仪式。

刘长乐上台后解释道："所谓'病'，不过是感冒发烧，到医院吊了一天瓶子。医生见我来看病了，一看我这块头和体重（注：刘长乐身高 190 厘米，体重 100 公斤），心中窃喜，马上进行全身检查，心想这人还不得一身病，得好好地赚一把。可是，结果出来后，医生非常困惑，他不得不'遗憾'地通知我，你身上所有的零件都运转正常，一点儿毛病没有。嘿嘿，让他们空欢喜了一场……"

他话没说完，台下已经笑翻了一大片。

刘长乐为了表示对会议的重视，带病参加了仪式。他并没有走温情路线，而是拿自己的病开起了玩笑，戏称自己的病不过是因为去医院检查身体，结果没有查出来一点儿毛病，医生空欢喜了一场，短短的几句话，就打消了大家对他身体的担忧，也迅速活跃了现场的气氛。

幽默沟通技巧　上司与下属之间的幽默交流要对工作的开展有帮助，否则就只能算作是无聊的玩笑。一些明智的上司总是时刻借助幽默来调节与下属之间的工作氛围，引导工作走向上升的轨道。

二、留点面子，诙谐地批评下属

批评的言语永远不受欢迎。作为优秀的领导，能在下属犯了错的时候，用幽默的言语来代替批评，是必须要掌握的能力，只有如此才能保全下属的面子，使双方都不尴尬，这样做既批评了下属，又达到了最初的目的。

一直以来，下属犯了错误，首先想到的就是领导狰狞的面目和严厉的惩罚手段，虽然心中忌惮不已，但还是会在错误面前存在侥幸心理。

既然板着脸的领导不能通过批评来杜绝员工犯错误，那何不提倡快乐领导？相信用玩笑把批评包装起来，其对员工的"打击"力度，绝对不会亚于大动肝火的批评。

总经理贾平吩咐女秘书张萌，要尽快打出一份商业机密文件。但是，张萌那天却心不在焉，马马虎虎地把它打完了，稀里糊涂地交了差。贾平看到错误百出的文件后，调侃张萌说："张萌，虽然我告诉你这是一份商业机密文件，但是你也不能如此认真听话，竟然瞧也不瞧，闭着眼睛就把它打出来了。"

相信谁都听得出，贾平的话是反语。从字面上看，似乎是在夸赞张萌打字技术高超，实质上是在暗示文件打得太差。不得不说贾平是一位聪明的经理，虽然他们是上下级关系，可如果批评、指责得太过直接，会给双方的关系带来负面影响。于是，他通过幽默暗示，表达了自己的不满，对员工的消极态度提出也批评，使自己的管理更加人性化，也更容易被员工所接受。

身为上司，应该设身处地为下属考虑，不能因为一点儿小错就对下属当头呵斥，那只会打消下属的积极性。如果将大声无情的呵斥改为幽默的批评就不同了，不但能让员工愉快地接受你的批评，而且具有一定的激励作用。

赵科是一名外贸公司的职员，有一天他找了个借口说要参加好友的婚礼，在好友婚礼上当伴郎，所以要请假一天。结果这件事很快被上司识破了，知道他是故意编理由请假不上班。

第二天，回到公司，上司就拦住了他，说："赵科，你相信人会产生幻觉吗？" 赵科还不知道发生了什么事，便不假思索地说："当然相信。" 上司微笑着说，"我就产生幻觉了。昨天你请假参加你好友的婚礼，而他昨天来咱们公司找你了。"

听完领导的话，赵科知道自己的借口被识破了，于是主动承认了错误。

赵科的上司幽默中体现着睿智，轻松一刻的同时也让下属主动承认了错误。因此，想要在工作中成为一个受人敬重的领导，一定要具备幽默的技巧，这一定会让你在管理下属的时候达到事半功倍的效果。

如果上司总是用严厉的言辞去跟下属进行交流，或者用尖刻的批评去对待下属工作上的失误，很有可能就会让下属产生抵触心理，对上司失去信任，还会让下属对自己的工作能力丧失信心，产生挫败感，从而影响正常水平的发挥。

> **幽默沟通技巧**
>
> 上司在指出员工的错误，并使之改正方面是否具有幽默感，是否可以在纠正错误的时候让下属发笑，要比严厉的批评、苛刻的惩罚更为有效。

三、意外赞许，用幽默激发下属的动力

赞扬是领导经常用来激励下属的一种方法，如果在赞扬的过程中加入一点儿幽默元素，那么这种激励效果会更出乎意料。幽默作为一种激励的艺术，在日常的交往中有着重要的作用。在富有幽默艺术的领导、主管周围，很容易聚集一批为公司 "卖命" 的忠实员工，如何让这些员工保持高昂的斗志，是每个领导都要考虑的问题。

有一次，美国著名心理学家卡耐基准备前往一所学校演讲，他的秘书莉把卡耐基第二天要用的演讲稿整理好，然后放在桌子上，便急急忙忙地回家了。

第二天下午，卡耐基从那所学校演讲回来，笑容满面地看着秘书说："莫

莉，你知道吗？我今天去给人家演讲如何摆脱忧郁、创造和谐的主题，可当我打开演讲稿，读下去时，全场观众便哄堂大笑起来。"

"那一定是您的演讲太精彩了。"秘书笑着回答。

"的确很精彩，因为我读的是一段如何让奶牛多产牛奶的新闻。"说完，卡耐基拿出了一张报纸，递给秘书莫莉。只见莫莉的脸一下红了，喃喃地说："对不起，卡耐基先生，昨天是我太粗心了，这不会令您丢脸吧？"

"当然没有，你这样做给我提供了一个自由发挥的机会，我还得感谢你呢！"卡耐基依然笑着说。

此后，莫莉再也没有犯过类似错误。

卡耐基对秘书的批评充分展现了语言艺术的魅力。在无痕的批评中，秘书体味到什么是尊重，什么是理解和平等，体味到独立人格的尊贵和领导的爱护。面对这样的批评，她就会带着一份感动和感激去改正错误。

批评无痕，它是领导者一个善意的微笑，是领导者一束关注的目光。在企业管理中，总经理批评下属，这是再正常不过的事情。如果你善于微笑着批评下属，让批评来得轻松一点儿，那么你将赢得下属的敬重与信任。

如何让个人和集体在任何一种形势下，保持高度的工作热情并继续沿着自己的既定目标前进。在这样的情况下，他们很有可能选择消极、怀疑的态度或干脆拒绝被安排。这时，让他们每个人保持乐观与信心异常重要。因此，如何让下属保持高度的精神状态，帮助他们恢复信心便成为当务之急。你是管理者，就应明白鼓励他们比什么都重要，而不是一味地施加压力，甚至是责备。

毋庸置疑，批评是不可或缺的教育方式，但如果不分青红皂白、不论场合、不讲方式方法地胡乱批评下属，就很容易伤害下属的自尊心，往往会影响下属接下来的工作。批评需要讲究说话技巧，需要讲究艺术。如果你既想让犯错者吸取教训，又不想让他太难看，那就让批评来得更轻松一些吧！

在一家杂志社里，有几个编辑经常下班了还不回家，他们并非在工作，而是在那里聊QQ或者玩游戏。有一天，杂志社的总经理批评了他们，他说："你们真是太不像话了，哪有你们这么玩命工作的，这样下去你们的身体怎么吃得消呢？听说，你们每天的稿子都看十来遍，此外还兼顾联系作者的工作。"

说到这里，总经理停顿了一下，"身体是革命的本钱，如此超负荷地工作是在透支体力和精力，我真不忍心啊，也无法答应你们这么做。"紧接着，总经理采取各个击破的方针。

"郑军，你有几条命？那些专栏上的稿子都是晚上加班赶出来的吧？白天忙，下班了还忙，晚上还要熬夜工作，不是我说你，你也太不爱惜自己了，千里马还有在地上打滚的时候呢，何况是人。快点儿回去休息，晚上不准熬夜工作了，听见没有？"

只见郑军红着脸，笑着点点头，赶忙把电脑关机了，然后对总经理说："再见，总经理，我先回家了"。

"韩力，你也好不到哪里去，哪有你这样工作的？你以为你的身体是属于自己的呀？不！你的身体是属于我们大家的。所以，我郑重地提醒你，千万要注意劳逸结合，不许再这样工作了，赶紧回去休息！"就这样韩力也笑呵呵地回家了。

从心理学方面分析，任何一个人都希望得到表扬，不喜欢受到批评。因而，在批评下属的时候不妨反话正说，明明应该批评，却故意说成表扬，让下属听出其中的意味。

这位总经理就是这么做的，他原本应该批评下属下班不回家留下来玩游戏，但他却用一种轻松的语气"表扬"下属工作很卖力，随后很自然地点明了自己的意思。下属心里非常明白总经理的意思，虽然是批评，却很容易被接受。这就是笑着批评的独特优势。

批评的方式多种多样，有时可以借用暗示法，不用一句批评的话，只需一个眼神和一个动作，就能让犯错的下属明白该怎么做；有时需要采用先表扬后批评的方式，这样也会让被批评者感到轻松一些。聪明的领导懂得"发红包"，愚蠢的领导只会发脾气。因此，你不妨试一试笑着批评下属，让批评来得更轻松一些，所产生的管理效果显然会大不一样。

幽默是一种强大的号召力。幽默的领导只要一张嘴，就能把下属"哄"

得高高兴兴地去拼命工作，既提升了下属的工作积极性，又能让其出色高效地完成工作。

四、说服下属，自我调侃一下又何妨

每一个领导都会在工作中遇到需要说服下属的时候，遇到这种情况，有的领导是费时费力费口舌，苦口婆心说了一大堆，下属却不理解，工作不支持，效果也很不好。而懂得幽默的领导就不会这样，可能会巧妙地用三言两语就将其搞定。

懂幽默的上司，懂得将自己的"意见"幽默地说成"建议"。面对比较着急完成的工作任务，一位聪明的部门主管曾这样幽默地要求一个着急跟男朋友约会的女员工留下来加班。

主管："我的头脑已经落伍了，顶多算是低端配置，而你们年轻人的头脑可是高端配置。既然配置升级了，速度也该升级才是，所以要把那份报告材料尽快整理出来给我哦。"

女员工："嗯，好的，我会尽快完成。"

在上司与下属之间，由于本身存在着管理与被管理的关系，所以相互之间会存在一种"人际落差"，很容易在问题的认识上出现意见或分歧，进而产生矛盾。这也是为什么有些上司跟下属之间一直保持着紧张关系的原因。

有个员工对公司董事长颇为反感，他在一次公司职员聚会上，突然问董事长："您刚才那么得意，是不是因为当了公司的董事长？"

这位董事长立刻回答道："是的，我得意是因为我当了董事长。这样我就可以实现以前的梦想，亲一亲董事长夫人的芳容了。"

董事长巧妙地接过对方的话题，幽默地自我调侃，于是他获得了一片笑声，连那位发难的员工也忍不住笑了。

懂幽默的上司是不会让这种上司跟下属之间关系的不协调性加剧的，因为他们善于运用幽默的沟通技巧与下属进行沟通，善于将上司与下属之间的认识差异减少到最小。在认识趋于一致的时候，即使是上司对下属进行批评，幽默的语言也会让下属个人能够容易接受。换句话说，懂幽默的上司能更容易说服下属，使下属的价值观跟自己的趋于相同。

智慧型的上司总是能够看懂下属的紧张，总是会借助巧妙的幽默语言来消除与下属的距离感，在缓和的情势下赢得下属的心。

幽默沟通技巧

一个懂得幽默的上司总是可以三言两语就说服下属对工作尽职尽责，而且这也是管理者化解尴尬的最好办法，不仅可以体现出管理者的大气和老练，更容易获得下属的好感，为自己的管理效果加分。

五、妙侃巧批，笑语中点出症结

在工作中，领导常常会用到批评这种手段来对付犯了错的下属，而且有些领导批评起人来简直让人无地自容。其实，严厉的批评并不能让被批评者心甘情愿地接受，认真改正，还容易引起下属的抵触，有碍于领导与下属之间友好关系的发展。学会在工作中妙侃巧批，在欢声笑语中轻松地解决问题，将会使你的领导力大大提升。

张毅作为公司的销售科长在开例会时，对下属说："我们的销售数量在图表中上升到了前所未有的高度，不过这图表是需要倒过来看的。"

领导不妨发挥幽默的力量去鼓励你的下属，帮助他们取得更大的成就。在工作中，作为领导不可能不批评别人，但要学会幽默、巧妙的批评，批评最好的方式就是进行幽默暗示。

幽默的批评虽然大多数为间接性的，但幽默所暗示的内容往往给被批评者以潜移默化的影响，改变着被批评者已经形成的心理定式和意向，影响着被批评者的思想、观点和信念。

某公司有位平时表现很不错的新员工张健，最近突然对电脑游戏着了迷，不仅上班时间有空就打游戏，而且下班以后还经常加班加点打游戏。

有一天晚上，公司总经理下班以后又回来取遗留在办公室的文件，因为第二天出差要使用。当总经理路过张健所在的座位时，张健正全神贯注地打游戏，并没有注意到总经理已经来到了他的身后。

这时总经理注意到张健并不是在加班而是在玩电脑游戏，心中不免不满，但公司规章里规定上班时间玩电脑游戏者要被罚款。现在是下班时间，如果罚款张健肯定心里不服，而且简单制止又未必能起到不再犯的作用。

总经理很快想出一个方法，既不会引起张健的逆反情绪，又可让其接受批评，于是就上前去轻轻拍了拍他的肩膀，并心平气和地说了句："小张呀，这么晚还在加班哪，多注意身体呀！"张健羞愧地看着总经理，知道自己错了。

从此以后，张健再也不在办公室玩电脑游戏了，而且工作更加兢兢业业。

在批评中适当地运用幽默，这种不相容性就可以得到化解，甚至可以变不相容为相容，从而引起被批评者对批评内容的注意、认可、接受，直至化解。幽默式批评在于启发、调动被批评对象积极思考，它以幽默的方式点到批评对象的要害之处，含而不露。

幽默沟通技巧

如果上司可以在批评下属的时候适当加入一些幽默的元素，就会让下属乐于接受批评，积极地去改正自己的不足。如果只是硬生生地下命令，相信没有一个下属会发自内心地接受与服从。

　　同事是工作上的伙伴，与同事相处得如何，直接关系到能否把工作做好。有的人天生就不善于交往，和同事也是如此，常为怎样和同事愉快相处而伤透脑筋。

　　此时，幽默能帮助你在工作上与同事建立融洽的关系，能让你和同事相处时如鱼得水。当你利用幽默的言语来表明自己的观点时，你在同事心中的地位正在逐渐加重，你的职场关系也在悄然发生变化。

第八章

与同事相处，幽默让你如鱼得水

一、展现幽默力，创建和谐的工作关系

工作中难免会和同事产生不快，有很多人常常觉得和同事之间没什么共同话题，甚至觉得与同事之间的关系因为常常伴随着利益关系的存在而变得非常微妙，同事之间的对话也常常只是一些类似"今天天气不错"的寒暄。

其实，同事一场，大可不必如此拘谨，如果一直这样，工作时难免就会乏味和枯燥。我们与同事在一起的时候，不妨添加一些幽默元素，增添一些闲聊的乐趣，让我们的日常工作变得丰富多彩起来。

幽默是一种生动的语言表达方式，与幽默的人相处、谈话是一件非常有趣的事情。如果把你的幽默魅力展现给同事，不但能为自己攒足"人气"，而且在和同事相处时也会如鱼得水。

最近连续下了五天的雨，公司的几个同事在一起闲聊天气。

A 君问道："最近怎么一直下雨呢？"

老实的 B 君规矩地附和道："是啊，都五天了，这样下去何时能结束呢？"

喜欢加班的 C 君说："龙王爷竟然连日加班，看来想多捞点儿奖金！"

关注市政的 D 君说："玉帝也太不称职了，天堂的房管所坏了，都不派神仙去修，老是漏水！"

而喜爱文学的 E 却说道："嘘，你们小声点儿，别打扰了玉皇大帝读长篇悲剧小说，人家正在伤心落泪呢！"

幽默的话语总能给同事们的闲聊锦上添花，让大家的交谈更加趣味十足。像这样给日常闲聊加上一点儿幽默色彩，不但让几句简单的谈话显得更加生动，也能让参与谈话的人在幽默风趣的气氛中舒缓心情。

中午休息时间，忙碌了一上午的几个同事聚在一起聊天。

有一个同事姓夏，她老公姓周。他们在讨论将来宝宝叫什么名字时，想好了一个简单的名字——"周一"。

大家都说："不错不错，这个名字挺有延续性，一口气可以生七个，从周一一直排到周日。"

这时，有人就问："那如果生了第八个怎么办呢？"

大家顿时都沉默了。这时，其中一个同事不无幽默地说："第八个就叫夏周一。"

幽默的话语令大家捧腹不止，让办公室压抑的气氛顿时一扫而光。

不得不承认，即便是对工作狂来说，上班也是件非常辛苦的事，不仅手里有一大堆要做的工作，光是正襟危坐八个小时，骨头也要疼了。所以要注意营造温馨、和谐的工作环境，大家心情好了，效率提高了，干劲也就足了。

学会幽默，你就可以更轻松地接受挑战，并且在实践中获得成功。幽默能使你和同事建立良好的工作关系，使大家的心情变得轻松愉悦，也有助于在同事之间左右逢源，游刃有余。

幽默沟通技巧

要想在工作和事业上取得成功，需要具备很多的条件，但对于建立与同事之间的融洽关系，幽默有着不可替代的作用。它是最好的"减压阀"，可以帮助你在职场中提升人气，舒缓心情。

二、劳逸结合，幽默为职场添活力

在生活节奏加快的时代，随之而来的是工作节奏的加快和工作强度的加大，这种工作步调难免会让生活在职场里的人心生烦躁。如果这样的工作一直占据着我们的生活，那我们就没有快乐可言了。所以，闲暇的时候，同事们聚在一起聊聊天，说点儿幽默的话题，注意劳逸结合，不失为一种减压的好方法，还能为工作增添新的活力。

在工作的间隙，孙坚和几位同事闲聊。

一位说话比较刻薄的同事说："有些人的腿太长，而有些人的腿又太短，看起来特别难看。"

另外一个同事问孙坚："那么，你觉得一个人的腿应该多长才恰到好处呢？"

"我想，它们应该最少长到能够碰到地的长度。"孙坚随口笑道。

大家哈哈一笑，笑的同时不禁为孙坚的幽默所折服。

这个问题很无聊，如果较真的话不仅毫无意义，也更显乏味。跟同事交谈时，如果你也碰到了类似无意义或者一时无法回答但又不得不答的问题，也可以学学孙坚的招数。它的妙处就在于伸缩性强，有一定的变通性，语意不甚明确，这样能使谈话变得有趣起来，同事间的交谈也更有情趣。

如果在你和同事相处、和领导交往时觉得无聊和枯燥，不妨来两句幽默的言语来缓和紧张的气氛。这样一来，能让同事感到你的幽默和平易近人，也能让上司特别注意到你，在他的脑海里留下一个好的印象。可想而知，如果哪天有涨薪提职的机会，老板一定会先考虑在他心中有着好印象的人选。

但是，职场毕竟是一个比较特殊的环境，我们一定要掌握好自己的幽默尺度，不要开玩笑过了头。

公司小芬的个子不高，身体也比较单薄。一天，公司里有个同事拿了一根竹竿到办公室，想和小芬开个玩笑，一手招呼小芬，示意她站起来。

小芬对他的举动有点儿莫名其妙，于是便问："有什么事吗？"

"没什么事，我就想拿竹竿和你比一比，看看到底哪个高一点儿。"同事满脸坏笑地对小芬说。

小芬听他这样一说，顿生厌恶，理都不理，转身就离开了。留下这位同事待在那里，很是尴尬。

用别人的身高来调侃，这个同事还真是"哪壶不开提哪壶"，不顾别人的感受，让自己的行为也显得愚蠢，这样的"幽默"只会让人心生厌恶。如果其他同事把这件事看在眼里，也会对他产生不好的印象。想幽默，也要慎重，否则幽默效果会让你大失所望。

经常和同事开一些雅俗共赏的玩笑，不仅能使心情轻松，还能更好地完成自己的工作。因为你会发现，自己在办公室里已经获得了好人缘。

职场中的我们需要幽默，在紧张的工作之余，要懂得劳逸结合。得体的幽默，能活跃办公室压抑和紧张气氛，能缓解同事间突如其来的尴尬，也能为忙碌的工作添加新的活力。

> **幽默沟通技巧**
>
> 职场是专业和严肃的，在沉闷的工作之余跟同事开个小玩笑，活跃一下气氛，让彼此的心情都能感到轻松自在，为接下来的工作带来新的活力。

三、同事有难，幽默地为他打个圆场

工作中，我们谁都难免会遇到困难，从而陷入某种尴尬的境地。此时，如果你的同事挺身而出，替你解围，你一定会感激不尽。相反，如果你的同事陷入这种尴尬，你会不会为他挺身而出呢？

当身边的同事陷入某种尴尬时，你恰好在场，此时你通过运用幽默的语言或者行动来替同事解围，你的同事一定会对你感激万分，也一定会赢得同事对你的信任。

日本人气女星绫濑遥在为其主演的影片《万能鉴定师 Q：蒙娜丽莎之瞳》宣传造势时，参加了一场"鉴定活动"，与男主角松坂桃李进行互动。该活动特邀面相鉴定师池袋绘意知与心理鉴定师晴香叶子出席，为绫濑遥和松坂桃李进行"内外鉴定"，鉴定两人最合适的职业。最后的结果是：绫濑遥最适合做万能保育师，而松坂桃李最适合做"自恋的万能消防师"。

由于被专家说自己自恋，松坂桃李显得有点儿尴尬。试想，谁愿意被人扣上一顶"自恋狂"的帽子呢？不过，绫濑遥笑着说道："我觉得可能是你太有魅力，才会被人们称为'自恋狂'吧！"绫濑遥的幽默话语化解了松坂桃李的尴尬，而台下的女粉丝则激动得叫个不停。

一般来说，"自恋狂"重点突出在自我欣赏方面，表现对自己的过度欣赏，甚至不符合实际，是一个贬义词。而绫濑遥的一番话则幽默地将松坂桃李从尴尬的境地中拖了出来，因为"太有魅力"而被人看成是"自恋狂"，这不仅免除了松坂桃李给观众留下"自恋狂"的不良印象，更是对松坂桃李的肯定与赞美，自然会引发女粉丝的激动呐喊。

有一次，撒贝宁和《今日说法》的同事张绍刚一起到包头市某中学开恳谈会。

在撒贝宁讲完一段自己的亲身经历后，活跃的现场突然有一名同学抛给了撒贝宁一个很习钻的问题："您和张绍刚这样一个'刻薄'的人一起搭档工作压抑吗？有压力吗？"其他同学对这个同学的问题一时有些吃惊，现场顿时静了下来。

不过这种场面难不倒撒贝宁，他听后风趣地说："你们听说过'一物克一物'吗？问问你们张老师跟我在一起工作压抑吗？有压力吗？我觉得他应该有压力。张绍刚有他的平民视角，这是他做法制节目的优势，能说出老百姓想说的话。正如在《挑战主持人》中他对选手刻薄的评价，有时会让选手有无地自容的感觉，但张绍刚只是说出了有些观众也很想说出而没有说出的话。反而我觉得张绍刚不是刻薄，在一定的时候是非常'宅心仁厚'的，你们没发现吗？他从来不怎么批评长得漂亮的女生。"

同学们顿时笑倒一片，又恢复了之前的活跃气氛。

撒贝宁的回答完美地为同事张绍刚摘掉了"刻薄"的帽子，同时也让现场的尴尬气氛一扫全无。

幽默是一种说话的艺术，需要我们在各种场合中察言观色，适时幽默几句，这样就能及时地帮助同事摆脱尴尬。幽默是一种豁达的人生态度，幽默的语言能使紧张的气氛立刻变得轻松、活泼，使交际中的尴尬处境得以化解。

在帮助同事解围时，我们应该从善意的角度出发，用幽默的话语去缓和紧张气氛，避免尴尬局面。这对促进我们跟同事之间的关系有着莫大的帮助。

幽默沟通技巧

　　职场就是一个考验同事集体凝聚力的地方。仅仅依靠单打独斗是很难成功的。同样当你的同事在面临尴尬时，及时地用幽默解围也会很快促进你与同事之间的关系，所以当同事手足无措时，不要无所作为。发挥你的幽默才华，打破这个让人难以忍受的氛围吧！

四、意见不同可以提，但是要幽默一点儿

　　不同的人对同一事物会有不同的见解。工作中，对某件事，不同的同事也会有不同的看法。当别人和你观点不一致的时候，提出你的观点当然可以，但是一定要注意方法。

　　俗话说"有话好好说"，这话是很有道理的。你有不同的意见，通过幽默的方式提出来，同事不仅不会反感，还会乐于接受。

　　麦克阿里斯特作为某航空公司的主管工程师，去参加一次关于要不要将新型喷气引擎继续安装在"逾龄"飞机上使用的会议讨论。此次会议讨论十分激烈，一方强烈要求安装，另一方却坚决反对安装，双方相持不下，火药味十足。就在这时，会议讨论主席一席幽默的话语打破了这种紧张的对峙局面。

　　这位主席说："这些老飞机就跟老祖母一样，为老飞机安装新型喷气引擎就像是在为老祖母隆胸一样，可能带来浪费，却也可能会大有用处，不管怎么说，老祖母还是觉得很开心的吧！"

　　这位主席巧用比喻的修辞手法，再加以幽默的表达方式，让在场讨论的人们放声大笑，缓解了对峙的局面，消除了讨论中对峙的尴尬，也避免了"交火"的发生，最终双方达成了一致意见。

　　幽默是一种很生动的语言表达手法，与幽默的人相处，谈话是一件非常有趣的事情。对同事有意见时，如果用幽默来调节，事情就会很快得以解决。

　　有章笑语非常喜欢喝酒，经常因为喝酒过多而耽误工作。有一次，公司进行无记名的员工评价，希望以此来督促员工改正各自的错

误。章笑语的一名同事这样评价他:"他这个人很诚实,对待工作忠于职守,从不脱岗,哪怕喝了酒,晕乎乎的,也不会请假,坚持到工作岗位工作,但他一般情况下是清醒的。"

这位同事用幽默的语言指出了爱喝酒的同事的缺点,这样既不会伤害同事的面子,也会让其深刻反思自己的错误,从而下定决心改正。

通过幽默的言语提出自己的意见,不仅能让对方乐意接受,还能带来很多意想不到的好处。例如,这样能化解同事间的矛盾于无形,让你们变成好朋友,也能让更多的同事乐意与你共事,让你成为一个受欢迎的人。

幽默沟通技巧

在职场中,同事们对同一件事情会有各种不同的见解,也会偶尔犯一些错误。这个时候不要去强硬地指责对方,借助幽默来化解你们之间的误会和尴尬。

五、幽默言谈,办公有点儿笑料更轻松

在工作中,你有没有遇到过斤斤计较的老板?有没有遇到过难缠的客户?有没有遇到过争论不休的会议?诸如此类等。面对这些棘手的问题,我们是处处忍耐,还是用适当的方法予以解决呢?

毫无疑问,你想要继续工作下去,就得积极地去应对这些看似让你力不从心的棘手工作。其实,再棘手的工作,也有合适的角度去解决,就看你有没有恰当的方法。想要让工作变得轻松,就把幽默派上用场吧!

张欣在一家跨国企业任职,其中有一个同事麦克是外国人。有一次,张欣跟麦克一起用西餐时,不小心打翻了餐桌,桌上所有的东西都掉在了地毯上。麦克见状,顿时大发脾气,冲着张欣喊道:"哦,上帝,赶紧清理干净,要不然蟑螂要来袭击我了!"他冲着张欣反复地叫喊着。

这个时候,张欣并没有乱了阵脚,而是一边打扫一边抬起头,微笑着对麦克说:"麦克,放心,这种事不会发生的,因为中国的蟑螂只爱吃中餐。"

听到张欣这样幽默的话语，麦克立刻停止了叫喊，脸色也顿时放晴，心情也舒畅多了。

遇到难缠的同事，不想些幽默的点子是不好应付的。像张欣这样，抓住了麦克的文化背景和职场习惯，利用合适的时机幽默一下，麦克的不快立刻烟消云散，结局自然是皆大欢喜。

许晴在一家公司的客服部门负责文书工作。因为公司刚刚经历一场大合并，人事变动非常频繁，新来的同事对许晴并不了解，于是有意跟她保持距离。

一天，几个同事聚在一起，聊到每天是怎么来上班的，有人是自驾车，有人坐公交，有人乘地铁……正在这时，许晴便假装不经意地加入到谈话的行列中来："我是 11 路——步行来的！"

同事们听完以后哈哈大笑，随即邀请许晴坐下来加入了他们的谈话。

当然，在幽默的时候也一定要看清对象，要因事而异，因人而异。解决麻烦的问题，也是考验我们的工作能力，其实只要我们凭借聪明才智，化繁为简，迎难而上，任何事情都可以用幽默来轻松搞定的。

职场人际关系对每一位职场人都非常重要，然而不少职场人士对于处理同事关系感到很烦恼。其实，做个受人喜爱的同事很容易，只要你为人善良，举止言谈风趣幽默，就有足够的魅力笼络到周围同事的"芳心"。人们都喜欢跟幽默的人一起相处，特别是在压力重重的工作中，一颗能够为大家带来欢声笑语的"开心果"，无疑是最受人追捧的。

幽默沟通技巧

别让办公室沉闷的氛围使你与同事之间的关系变得淡漠，适当地利用幽默的言语为办公室生活增添点儿乐趣，这样你才能受到大家的欢迎和追随。

六、闹矛盾了——幽默泯恩仇

职场中并不总是一帆风顺的，也并不总会遇到喜欢自己的人，经常在一起打交道，和同事闹矛盾也是正常的。幽默可以让互相仇视的两个人，相逢一笑泯恩仇。真正聪明的人，总会依靠幽默使职场更富有人情味，让工作变得更顺利。

都说相声是一门语言的艺术，在很多时候就是研究怎么说话好听，怎么说话有趣，怎么说话让人高兴，哪怕是不好的事情、不愉快的事情，通过对语言下功夫，也能让人听了心里舒坦。其实，在职场中也应当讲究语言的艺术，这样就能避免很多的争吵、很多的不快，幽默一下，宽容一点儿，别人舒服，自己也高兴。

钟灵和安怡是很多年的同事，两个人隔桌而坐，情同姐妹，彼此也有着良好的默契。尽管如此，有时候也会产生一些小矛盾。

有一次，她们为了处理上司交代的项目，有了不同的意见。在无法协调的情况下，她们居然发生了严重的口角，后来彼此冷战，形同陌路。到了第五天，安怡终于受不了这样的冷战气氛，为了打破尴尬的局面，趁钟灵也在座位时，她就翻箱倒柜，把办公室的抽屉全部打开东翻西找。

后来，钟灵终于开口说话："喂，你把所有抽屉都打开，到底在找什么？"安怡看看钟灵，幽默地说："我在找你的嘴巴和声音啦！你一直不跟我说话，我都快活不下去了！"这时两人扑哧一笑，重归于好。

有人的地方，就会有矛盾存在。不论在什么时间，在什么社交场合，幽默都能帮你打开与别人沟通的大门，并且走向成功的交际之路。在争吵面前，保持微笑，幽默的说话是一种可贵的涵养与品质。

在1997年6月29日，美国拉斯维加斯举行了世界拳击协会重量级拳王争霸战，挑战者是拳王泰森，对手是另一个拳王霍利菲尔德。比赛中，求胜心切的泰森因不满霍利菲尔德屡次搂抱和用头撞击而被激怒，竟两次狠咬霍利菲尔德的耳朵。结果，泰森被美国内华达州运动委员会吊销了拳赛执照并罚款300万美元，霍利菲尔德则顺理成章赢得了争霸战的胜利。

从这次"世纪之咬"开始，泰森便被赶下了神坛。他不仅在比赛中不断输给那些不入流的拳手，而且靠自己一双拳头累积起来的4亿美元身家也逐渐消失殆尽，取而代之的是千万美元债务。

霍利菲尔德在看一家电视台对泰森的专访节目时了解到，正是12年前的那次"咬耳事件"，才使得泰森破罐子破摔。他立即联系了《奥普拉·温弗瑞节目》著名主持人奥普拉·温弗瑞女士，希望她能从中牵线搭桥，实现与泰森的会面。奥普拉·温弗瑞当即联系到了泰森，得到的回答让她很满意。

2009年10月16日，在奥普拉位于芝加哥的录音棚内，在众多的现场观众面前，43岁的泰森刚走上来，就突然看见霍利菲尔德也从台边微笑着向他走过来，泰森先是一愣，随即便站起来，也笑着向霍利菲尔德挥起了手。随后两人热烈拥抱，互致问候。

泰森亲昵地拉着霍利菲尔德的手，显得心潮起伏，说："这是那件事之后，我们两个第一次有机会见面，而这一机会是你主动创造的。我想告诉你，和你相识是一件令人非常愉快的事情。我还想让全世界都知道，你是一个非常宽容的人。"他还开玩笑地问霍利菲尔德，会不会想念耳朵上缺掉的那一小块。

霍利菲尔德依然微笑着摸了摸自己的耳朵，对泰森说："有一点儿吧，还算不错，这也是对我们之间友谊的最好纪念。"

当主持人奥普拉·温弗瑞问霍利菲尔德："您能否告诉大家，为什么想到来电视台与泰森和解。"

霍利菲尔德说："我希望我们两个人一起出现在这档节目上的情形能告诉那些相互之间有了过节的年轻人，没有什么事是不可以被原谅的。看，我们两个又站在一起了，你们也可以。"

霍利菲尔德话音刚落，泰森就带头鼓起了掌，观众的掌声也随即响彻大厅。看着两人的热乎劲，现场的观众感慨道："这一场历史性的会面让所有人几乎忘记了两人曾在12年前还有过一次不愉快的经历，这在以往简直是不可想象的。"

节目最后，奥普拉·温弗瑞总结道："我想借用中国一句名言结束这次访谈：相逢一笑泯恩仇。"仇恨是一种异样的友谊，一个经常宽容别人的人，他做事一定会像水一样平静,也会赢得更多的尊重,两位拳王历史性的会面就是最好的例证。"

当你和同事之间产生矛盾时,不要相互记恨,也不要置之不理,而要想办法解决矛盾。俗话说"同在一个屋檐下,抬头不见低头见",用幽默化解彼此之间的矛盾,再见面也不会觉得尴尬,也更有利于今后的工作,同时也是对自身社交能力的一个提升。

幽默沟通技巧

谁都难免与他人有一言不合的时候,同事之间也是如此。俗话说得好,"多个朋友多条路",不要因为一时的不快就与对方从此分外仇视。在争吵面前请保持你的微笑,用幽默来化解对方的怒气。

七、玩笑要适度,不要将同事的伤疤当作笑料

幽默要讲究方式方法,更要把握尺度,和同事开玩笑也不能过了头,更不能把同事的缺陷当作笑料。试想一下,如果你个子很矮,在公司总有同事对你的个头取笑,甚至是挖苦,你会不会很郁闷、很伤心?如果你个子很高,却异常瘦弱,同事经常说你是"电线杆",或者给你取名叫"比杆多耳",时间长了,你会不会对该同事心生厌恶?同样,若你的同事处于诸如以上的状况,你有没有取笑过人家呢?

否定的答案当然最好,如果你也有过取笑别人的经历,那么从现在开始,请记住:玩笑要适度,不要把同事伤疤当作笑料!

真正懂得幽默的人很少拿别人的不足当笑料,相反,当别人因为不足、隐私、伤疤等而身处窘境时,还会挺身而出,帮助其化解尴尬。这种幽默,才是真正高雅、令人尊重的幽默。

俾斯麦很喜欢和朋友外出打猎。一次,俾斯麦应邀和一名法官去打猎,两人正在草丛里寻找动物时,一只白兔突然窜了出来。

"啊哈,那只白兔已被宣判死刑了。"法官先生得意扬扬地说,随即扣动扳机。

可惜的是这枪并未打中，白兔跳着逃走了。法官先生有些窘迫，为自己刚刚夸下海口而脸红。俾斯麦见到这种情形，连忙大笑着对法官说："看来，这只兔子对你的判决不太服气，已经跑到高等法院去上诉了。"

俾斯麦说完，两个人相视一笑，一场尴尬就此化解。

俾斯麦的幽默非常人性化，他没有针对朋友的枪法出言贬损，反而主动帮助朋友解围。这种幽默避免了尖锐的对立，让人觉得亲切、友善、鼓舞人心，更使俾斯麦的形象大幅提升。相比之下，生活中很多人喜欢抓住别人的缺陷开涮，虽然当下可以制造笑点，但这样的人一定会遭人厌恶，注定不会成为一个成大事的人。

我们开玩笑常常喜欢"损人"，个儿矮的、秃顶的、身材肥胖的、胆子小的等都是我们的嘲笑点。这种笑话一般人听了不以为意，或者一笑而过，但若你的同事中偏偏就有这样的人，他就会很受伤，偏执点儿的还会认为你是专门针对他、羞辱他。所以，一定不能拿别人的伤疤、不足当笑料，幽默有很多种方式，我们更应该学习那些具有穿透力、高雅的幽默。

当年的赵薇因为扮演"小燕子"一角而大红大紫，并且荣获了金鹰奖。颁奖晚会上主角是唐国强和赵薇，赵薇因为组委会通知晚了而来迟，可是各路记者对赵薇的迟到感到非常不满，现场火药味很浓。

场上的气氛凝重，赵薇甚至因此落泪。这时旁边的唐国强拿起话筒，平静地说："赵薇电影学院还没有毕业就获得了金鹰奖，真的很不容易。虽然有人说赵薇还很稚嫩，可是观众认可的事，我们总要承认吧？现在她走到哪儿都要有人保护，因为找她的人太多了，也没来找我，我挺尴尬的。"一席话使场面恢复了平静。

接着，他又说："会务组为了赵薇的安全想了很多办法，让她一个人待在一个房间候场，我们一帮人待在一个房间，偶尔进来几个人要签名，我们也很轻松。可是她那呢，'顾客'盈门。赵薇能有今天的成就，大家要帮助她，也要扶持她。有很多情况特殊，因为赵薇太'火'了，走到哪，哪交通就会堵塞，她今天来晚了绝不是跟大家过不去，你们说是不是？"经过唐国强一番幽默风趣的解释，台上台下的人个个眉开眼笑，唐国强顺利为赵薇解了围。

如果你周遭有人出糗，遭遇尴尬，你一定要挺身而出，主动帮助对方解围，你雪中送炭般的鼎力相助会令对方一直记在心里，从而使你们建立良好的交往关系。

真正的幽默不仅要让人笑，还必须要让人心悦诚服。所以，我们在开玩笑时必须注意内容健康、格调高雅，不要拿别人的不足、缺陷、隐私开玩笑，不能把自己的快乐建立在别人的痛苦之上。如果你的幽默不当，刺伤了对方的自尊心，或者揭了对方的伤疤或隐私，那后果将会不堪设想。

幽默沟通技巧

幽默也是讲究方式方法的，如果拿别人的缺陷和不足去开涮，无疑是对个人的人身攻击，并不能达到幽默的效果，反而令人厌恶。所以，幽默的沟通必须是具有正能量的，并且有利于建立良好的人际关系。

对于那些站在讲台上一举一动就能抓住听众的神经、不时的惊人妙语会引起人们哄堂大笑和热烈鼓掌的演讲者，有没有想象过有朝一日你也可以那样？现场的听众为你的激情演讲热烈鼓掌，对你的奇思妙语心领神会后突然顿悟的欢呼，会不会也令你心驰神往呢？

其实，想要达到这样的效果并非难事，只要你肯下功夫，用幽默就可以点亮你的演讲。

第九章

妙趣横生，幽默演讲点旺人气

一、别开生面的演讲主题，更易抓住人心

每个演讲都有自己的主题，没有主题的演讲不叫演讲，那叫乱讲，因为演讲者演讲结束后听众完全不知道演讲者在表达什么意思。主题是演讲的灵魂。主题的范围有大小之分，也有新颖与否之说。有意思的幽默主题才能让人耳目一新，才能抓住听众的神经。

在演讲中，使用幽默必须是有"预谋的"，也就是说，不是每一个话题都可以拿来即兴幽默。演讲者只有根据演讲内容、场合等因素有针对性地选择幽默话题，才能做到符合观众的口味，吸引观众的注意力，从而取得预期的效果。

有一次，郁达夫应邀演讲文艺创作，他上台在黑板上写了"快短命"三个大字。

台下的听众都觉得很奇怪，他接着说："本人今天要讲的题目是《文艺创作的基本概念》，黑板上的三个字就是要诀：'快'就是痛快，'短'就是精简扼要，'命'就是不离命题。演讲和作文一样，也不可以说得天花乱坠，离题太远，完了。"

郁达夫在黑板上写那三个字到说完话的时间，总共用了不到两分钟，正合乎他所说的三个原则——"快短命"。

成功的演讲并不是你的演讲要多有深度，或者你的演讲要在多么重要的场合进行，而是你的演讲可以吸引多少听众，可以让人们把你的演讲真正听进心里去。

在演讲中，创新已经成为一种时尚的追求，没有创新就不会有突破，没有突破就不会有进步。在演讲中，给自己选择一个幽默的主题，既能挖掘自己的潜能，也能给听众们创造出一种别具一格的演讲风格。

著名学者和教育家陶行知先生在武汉大学做演讲。他走上讲台，没有急着演讲，而是不慌不忙地从箱子里拿出了一只大公鸡，台下的听众完全愣住了。陶行知先生从容不迫地又掏出了一把米放在桌上，然后按住

公鸡的头，强迫它吃米，可是大公鸡就是只叫不吃。他又掰开鸡的嘴，把米硬往鸡嘴里塞。大公鸡拼命挣扎，还是不肯吃。最后，陶先生轻轻地松开手，把鸡放在桌子上，自己退后了几步，大公鸡自己却吃起米来了。

这时，陶行知开始演讲："我认为教育就跟喂鸡一样。先生强迫学生去学习，把知识硬灌给他，他是不情愿学的。即使学也是食而不化，过不了多久，还是会把知识还给先生的。但是，如果让他自由地学习，充分发挥他的主观能动性，那效果一定会好得多！"台下一时间欢声雷动，为陶先生形象的演讲叫好。

行动永远比语言有力度，如果陶行知上来直接开始那一段"我认为教育就跟喂鸡一样……"或许不少人听听也就算了。可他一上台就直接强迫一只鸡吃米，再开始自己的演讲，这样一来大家就对他的演讲就有了一个形象的认知，他的演讲自然也就达到了最佳的效果。

王红参加了公司举办的"振兴中华读书演讲会"，她刚一出场就说："我给大家演讲的题目是《论坚守岗位》。"说完就朝会场外走去，台下顿时哗然。过了约两分钟，她又回到讲台上，面对听众说："如果我在演讲时离开讲台是令人不能容忍的话，那么某些人在工作时间擅离岗位，难道不应该受到谴责吗？"

听众沉默片刻，随即报以热烈的掌声。一个反问，简明而有力地说明了"坚守岗位"的重要性。

演讲通常被认为是在非常正式的场合对众人所做的一种带有说服性、鼓动性、表演性和打俏性的讲话，但不能因为它非常正式，就给演讲扣上一顶严肃的帽子，因为那种枯燥无味、气氛压抑的演讲没有人喜欢听。

演讲需要选择幽默、新颖的主题，用幽默来强化主题，用幽默的力量营造一种较为轻松的演讲氛围，可以使听众置身于其中。通过幽默来抓住听众的心，使用各种方式制造幽默、轻松的气氛，能让听众融入自己的演讲氛围中，也能吸引观众的兴趣。

　　　想要使你的演讲主题很快地吸引人心，要有"预谋"地策划一个幽默的演讲主题，根据演讲的环境和场合有针对性地选择幽默话题，才能达到吸引听众注意力的效果。

二、不能投其所好，再幽默也是白搭

　　与志趣相投的人谈话其乐无穷，与志趣相异的人谈话会感到"话不投机半句多"。在交谈时，可以从对方的兴趣爱好切入话题，让对方感到你与他志趣相投，话匣子自然就打开了。

　　演讲和交谈也有相同之处。在演讲时，投其所好，才能触发听众的兴奋点，增加演讲的"磁性"。为了让听众能尽快地接受自己，在演讲时除了幽默，还要让听众感受到你的亲切态度，投其所好，才能拉近你们的距离。

　　一位演讲者在演讲时说："男人，像大拇指"，他高高竖起自己的大拇指，"女人，像小拇指"，他又伸出小拇指。

　　这一比喻，令全场哗然，尤其是女听众强烈反对。

　　演讲者立刻补充道："女士们，大拇指粗壮有力，而小拇指却纤细苗条、灵巧可爱。不知诸位女士中，哪一位愿意倒过来呢？"

　　一句话令听众相视而笑，演讲在欢快的气氛中继续进行。

　　在演讲中驾驭听众的情绪，不仅仅指在听众已经产生负面情绪时去被动地化解，还体现在演讲者要细心体察、感受听众情绪的变化情况，未雨绸缪，在听众的负面情绪产生之前就主动利用幽默加以避免。在这种情况下，可以用幽默的力量营造一种较为轻松的氛围，可以使听众置身于其中，以减轻他们的抵触心理，舒缓他们的情绪。

　　只有在演讲中知道听众的喜好，才能根据演讲对象以及情景真正地做到投其所好，进行一次完美、精彩的演讲。

想让听众喜欢听你演讲，投其所好很重要，感兴趣的话题、独特的见解都能让你的演讲更具有吸引力。生动的演讲离不开幽默，在让听众捧腹大笑之余产生共鸣，而投其所好也不失为一种很好的演讲技巧。

三、寻找噱头，开场白就是要幽默

万事开头难。大家都知道，写文章开头最难写，同样，做演讲开场白也最不容易把握，要想三言两语就吸引所有人的注意力并抓住听众的心，其实并非易事。

如果在演讲的开始听众对你的话就不感兴趣，注意力一旦被分散，那后面再精彩的言论也将黯然失色。只有匠心独运的开场白才能给听众留下深刻的印象，一开始便能立即控制场上气氛，在瞬间集中听众注意力，接下来的演讲便会水到渠成。

在一次演讲的开始，演讲者的开场白立刻引起了大家的兴趣："人们都羡慕我到了这把年纪还保持着良好的体形，我要把功劳全部归于我的夫人。25 年前我们结婚的时候，我曾经对她说：'亲爱的，希望我们以后永远不要争吵。不管遇到什么心烦的事，我决不和你吵架，我只会到外面去走一走。'所以，诸位今天能看到我保持着良好的体形，这是 25 年来我每天都在外面走一走的结果。"

有的演讲开场白以情动人，有的则是"以笑取胜"，这样的演讲一开始就能让听众以欢快的笑声做出回应。

马云有一次应母校杭州师范大学的邀请做返校演讲。马云走上讲台后，一开口就让母校的师弟师妹们笑得合不拢嘴：

"前两天我刚从美国回来，在美国参加会议的时候有人问我，我的英语是从哪里学的，我说中国杭州师范大学！在我们公司，尽管有来自北大、清华，也有来自哈佛、耶鲁等名校的学生，但是如果你在我们公司问哪所学校最好，员工都会说：杭州师范大学！没办法，因为在阿里巴巴，他们只能这么说。"

不得不说，马云巧妙的开场白不仅避免了对母校的刻意恭维，还用自己的亲身经历表达了对母校的谢意，进而引发了一股集体自豪感；同时，又恰当地借个人成功的事例告诉母校的莘莘学子：事在人为，外部环境并不是影响成功的决定性因素，个人的努力才是最重要的。而个人如何努力，只要认真听接下来的演讲才能知晓。

演讲中的第一段话十分重要，你需要在第一段话中就运用幽默牢牢抓住你的听众，而不是要等到第二段、第三段。高尔基说："开头第一句是最困难的，它好像在音乐里给了全篇作品以音调，演讲者往往要花费很长时间才能找到它。"

有一位知名学者在返回母校做演讲的时候，出场的第一个话题就是讲述自己在大学读书时追女孩的经历：

"**我**们那个年代，大学不像你们现在这样多姿多彩，除了追女孩之外没有别的事情可以做。上大学的时候我平凡得不能再平凡了，那个时候什么也没有，长成我这样的，基本不用考虑本班的'战场'，根本没有我的立足之地，于是我就发展到了别班的'战场'。我看上了一个女生，据说还是 50 校花之一呢！你们别小瞧，50 校花之一可了不得，当时我们可有 156 名女生呢！"

"那个时候，我是弱势群体，什么也做不了，最后想出了一招我能做的事：写信。第一封信我写了身高、体重、家住何方，父母是干什么的，家里有几个兄弟等。这简直就是一份简历，没办法，那时的我什么都没有，只能给她投简历。她没有理我，我就开始写第二封信。为了展现自己的才华，我就介绍了一下国内和国际的经济形势，未来会怎么做。结果还是没有回音，于是我就继续写第三封，说我知道你不喜欢我，我不要求你做什么，我只要求你让我默默地喜欢你就好了。"

"你们不知道那时的女生'单纯'啊！三封信就打动了她。她回信给我，我就约她看电影，看的什么电影我早忘了。之后我们散步，我对她说：'要不你嫁给我吧？'她很惊讶地问：'你是认真的？'我说：'是。'她说：'好，我嫁给你。'就这样，第一次约会她就嫁给我了，而后我们一起走过了 20 多个春秋。"

当时，这段演讲赢得了同学们非常热烈的掌声。不考虑演说者讲话的语气有什么样的效果，单看这段话本身就足够吸引眼球了：紧密结合学生关注的话题，如校花、谈恋爱、写情书、约会等话题；追爱故事，不断展开，层层递进，激起大学生的好奇心；纯洁的爱情，美好的愿望，最终实现；用语精妙，抑扬顿挫，滑稽幽默。这些都跟大学生的心理达到了完美的契合，想不引起共鸣都难。

对于一场优秀的演讲来说，开场白是非常重要的。因为演讲就是靠它来打开局面，将听众引入正题的。一个好的开场白是演讲成功的一半，它能抓住听众的心，吸引听众的注意力，达到引人入胜的效果。相信每个演讲者都懂得先入为主的道理，如果你在一开始就给人留下了糟糕的印象，即使你后面的演讲多么精彩，也很难扭转局面。所以，作为一个优秀的演讲者，必须在一开始就牢牢抓住听众的心。

幽默沟通技巧

当你用幽默的语言来作为你演讲的开场白时，也就抓住了听众的心，吸引了他们的注意力，帮助你与听众建立了亲切、自然的关系。在逐渐进入演讲的主题之后，幽默还是不能缺席的。

四、想要拨动听众的心弦——穿插一点儿妙语吧

对于演讲者来说，幽默的言语蕴含深刻的道理更能让听众易于接受。在演讲中插入一些妙趣横生的幽默内容，通常比空洞的套话更能拨动听众的心弦。

优秀的演讲者总是善于在演讲的过程中加入一些含蓄、风趣的故事来对演讲进行润色，这样寓庄于谐，使听众在会心一笑之余更能体会到字里行间

的深刻道理和演讲者高尚的情趣，使演讲更生动、更形象、更吸引人。

俞敏洪有一次到湖北大学进行演讲，一上台就调侃自己："在新东方，我是长得最对不起观众的。"他说，男人不是靠长相吃饭的，所以他已经忘了自己现在长成什么样子了。"男人长得帅一般不成功。"俞敏洪很风趣地给全场的女孩以忠告，"在场的女孩子，如果你们选择男朋友以貌取人，那叫'好色'行为。女孩子千万不要有这种行为。"他妙语连珠的调侃听得在场的学生乐不可支。

在演讲中穿插妙语时要注意，穿插进来的幽默内容必须要跟主题有关，可以起到补充说明的作用，而且穿插的内容一定要适度，不可过多、过滥，否则就会造成喧宾夺主的结果。

在穿插幽默时，和前后内容的衔接也要自然得当，千万不要生搬硬套，让人觉得非常勉强，甚至画蛇添足。

在1995年，郭沫若返回日本九州大学做了一次演讲。再次来到自己的母校，郭老说："我在这里要向以前的老师表白，我作为一个医科大学生，事实上不是一个'好学生'。福冈的自然景色太美了，我在学生时代就不用功，对于医学没有认真地研究，而跑到别的路上去了。"

他幽默地说："当时我在教室里听先生讲课时，就一个人偷偷地在课本上作诗了。"

这些话引得在场的人爆发出了欢快的笑声和掌声。

一个教授在给学生做报告的时候接到了一张纸条，上面写着："有人认为思想工作者是五官科——摆官架子，口腔科——耍嘴皮子，小儿科——骗小孩子，您认为恰如其分吗？"这个问题十分尖锐。

教授回答道："今天的思想工作者，我认为是理疗科——以理服人，潜移默化，增进健康。"

在演讲的时候，为了增强演讲效果，加深听众印象，在演讲中插入风趣、幽默的语言，可以帮助演讲达到更好的效果。可以运用杂糅法，用最时髦的现代语言解说古人的事，或用古代成语描绘现代的事，这种异向拉近的做法能大大增强幽默的效果。

幽默的话语往往蕴含着令人讶异的智慧，对于"集体接受"的演讲来说，它具有特殊的意义。在演讲中如果可以插入一些妙趣横生的幽默内容，会比看似振振有词的套语更加能够拨动听众的心弦。

五、临场遇意外——幽默来救场

在日常生活中，我们难免会遇到各种各样的意外事件，演讲也不例外，免不了会出现一些让人措手不及的突发状况。面对意外，不要慌乱，优秀的演说家总能以幽默的方式沉着、机智地应对，让这些意外反而变成演讲中的亮点。

在演讲时，听众寥寥无几会不会让你感觉尴尬？你正说到兴头上，有人突然故意捣乱，你该如何应对？在讲台上，听众提出刁钻古怪的问题，让你猝不及防，又该如何处理？遇到这些突发状况，千万不能慌乱，更不能动怒，因为那样只会使演讲变得更糟。

有一次，林语堂应邀到美国哥伦比亚大学讲授中国文化课，课堂上他对中国文化大加赞赏。一位女学生不服气地发问："林博士，您是说什么东西都是你们中国的好，难道我们美国就没有一样东西可以跟中国的相比吗？"

这是一个很难回答的问题，假如演讲者反过来赞扬美国，对演说的主题非常不利；要是严肃地表示美国不如中国，会引起在座学生的不满情绪。林语堂只是轻松地回答道："有的，你们美国的抽水马桶就比中国的好。"

这句话引起全场的人哄堂大笑，气氛活跃而和谐，发问者对这一回答也提不出异议。林语堂的回答机智又不乏幽默，使即将紧张的气氛又活跃了起来。在演讲过程中，有时会发生一些意外事件，令演讲者尴尬或者造成现场秩序混乱等，这时正是幽默的用武之地。

有一位极具个性的演说家，在演讲环节其语言犀利而有哲理。一次演讲结束以后，进入"答听众问"环节。刚开始，面对听众的不断提问，这位演说家有问必答，妙语连珠，赢得了阵阵掌声。不过，有一位听众给他递了一张纸条，上面写着三个字"王八蛋"，似乎并不认同他的观点，甚至进行这种语言上的人身攻击。

对于这张纸条，如果演说家选择置之不理，听众肯定会觉得好奇，事态会有些难以收场；但若严厉斥责，又显得自己没有风度。经过快速思考之后，这位演说家将计就计，高举纸条，面向听众，微笑着说道："别人都问了问题，没有签名，但这位先生刚好相反，他只签了名，没有问问题。"

演说家说完之后，现场响起如雷般的掌声。这位演说家巧妙地让羞辱自己的人自取其辱，这种机智的幽默自然会让听众深深折服。

当演讲者遭遇恶意的攻击或咒骂时，假如演讲者勃然大怒或与之对骂，必然会损害自身的形象，使捣乱者的阴谋得逞。当你处于受人非难的尴尬处境，处于四面楚歌的危急情境之时，幽默会给你转败为胜的力量。

作为主持人，其实和站在台上的演讲者大同小异，要妥善应对各种突如其来的场面，处理得不好就会引起尴尬，使场面失控。《非诚勿扰》中的男嘉宾经常遭到女嘉宾的"毒舌"攻击，有时难免会窘迫不已。孟非经常妙语解围，帮助男嘉宾从尴尬的情境中解脱出来。

在一期《非诚勿扰》的现场，一位戴眼镜的男嘉宾上场后，其帅气的外形、儒雅的风度立刻赢得了众多女嘉宾的好感，大家纷纷按灯选择，只有3号女嘉宾不为所动。

孟非问她："3号女嘉宾，你能告诉我你不选择这位男嘉宾的原因吗？"

3号女嘉宾出言不逊："我不喜欢戴眼镜的男人，我觉得戴眼镜的男人都很猥琐。"

听到此言，那位男嘉宾尴尬至极。此时孟非出言化解了男嘉宾的尴尬，他即兴发挥说："我也戴眼镜，你这话真是一石二鸟，醉翁之意不在他而在于我，我没什么地方得罪你吧？不过我得告诉你，戴眼镜的男人并不一定猥琐，这个我老婆可以给我做证明。"

此言一出，博得了台上台下一阵热烈的掌声和笑声。

女嘉宾言语有失妥当，但是在节目现场，主持人不可能直接对她进行指责。孟非用幽默的言语将矛头引向了自己，巧妙地为男嘉宾化解了尴尬，使节目顺利地进行下去，这种幽默运用得很是巧妙。

幽默是一种言语或行动，它不是武林绝技、刀枪剑棍，也不是排山倒海般的兵力，它是知识与智慧的结合，在知识与智慧的辉映下，幽默就具有化险为夷的魔力。

幽默沟通技巧

谁都无法预测在演讲时会遇到什么样的意外，而这也许就会让你手足无措。面对临场意外，优秀的演说家总能以幽默的方式沉着、机智地应对，让小插曲变成演讲的亮点。

六、生动肢体语言，更为演讲添活力

幽默大师卓别林是无声电影的先驱，其时代渐已久远，但其滑稽的动作和搞笑的表情无不让大家为之称赞。上世纪末，风靡全球的憨豆先生所出演的情景无声喜剧也堪称一绝，深深地影响了那个时代的人们。在颇受欢迎的幽默演讲中，除了语言上的幽默，还需要有肢体的配合，如此才能巧妙地打造出更加强大的气场。

美国诗人、文艺评论家詹姆斯·罗威尔在1883年担任驻英大使时，在伦敦举行的一次晚宴上发表了一篇名为《餐后演讲》的即兴演说。在演讲的最后，他说："我在很小的时候听人讲过一个故事，讲的是美国一个卫理公会的牧师，他在一个野营的布道会上布道，讲了约书亚的故事。他是这样开头的：'信徒们，太阳的运行方式有三种，第一种是向前或者说是径直的运动，第二种是后退或者说是向后的运动，第三种即在我们的经文中提到的——静止不动。'（笑声）先生们，不知你们是否明白这个故事的寓意，希望你们明白了。"说完，他首先是按径直的方向（起身离座，做示范）——即太阳向前的运动。然后他又返回，开始重复动作——即太阳向后的运动。最后，凭着良好的方向感，将自己带到终点。"这就是我们刚才说过的太阳静止的运动。"詹姆斯这样说道。

这种紧扣话题的传神的动作表演，惟妙惟肖，天衣无缝，怎能不赢得现场听众的热烈掌声和欢笑声呢？

演讲的幽默式结尾方法是不胜枚举的，关键是演讲者要具有幽默感，并能在演讲中恰如其分地把握住演讲的气氛和听众的心态，才能使演讲结束语起到"余音绕梁，三日不绝"的轰动效应。

然而，在演讲的时候，肢体语言也不能过多，否则就会"添乱"，甚至让听众反感。

肢体语言运用得是否恰当、自然，直接关系到幽默演讲表达主体的形象。在演讲中，幽默的肢体语言可以提升观众的注意力。在大家的众目注视之下，演讲者往往能够得到极大的鼓励后，就能够调动听众们的兴趣，巧用肢体语言就能让演讲妙趣横生，更有活力。

幽默沟通技巧

人与人的沟通如果只是通过语言来表达可能会让人觉得乏味，假如再加上一些有趣的肢体语言，就会使整个演讲更加有活力，也可以帮助演讲者带动听众的情绪。

七、笑话作调料，让演讲更有味道

演讲时，如果语言过于平实，表述生硬，听众听得就会逐渐乏味，他们的注意力就会渐渐开始转移。此时你需要做一件能立即奏效的事情，将听众的注意力拉回来，那就是讲个笑话，幽默一下。

在演讲中使用笑话能够缓解紧张的气氛，一个恰当、适时的笑话能够有效地打破僵冷的气氛，营造良好的氛围。幽默能使你的演讲定位在积极、活跃的基调上，有助于形成轻松的气氛，促进演讲过程中演讲者与听众的思想交流。

在一次录制《非常6+1》时，一个选手是跆拳道运动员，他的级别很高，是黑带。他在自我介绍时说自己是黑带，主持人李咏马上一撩西服，露出黑色的腰带，说："我也是黑带。"选手下意识地也一撩上衣，由于他那天扎的是黄色皮带，观众就乐了。然后，李咏又说："你看，我的领带也是黑的，双黑带段位。"

李咏的幽默言语一出，观众立刻就被逗乐了，这就是笑话的作用，能让听众瞬间集中注意力，快速活跃现场气氛。录制节目时，现场气氛至关重要，没有现场观众情绪的配合，舞台上的演员或嘉宾的表现会大打折扣。因此，主持人在主持过程中必须察言观色，及时捕捉现场能引起观众兴奋的话题，即兴发挥，而笑话无疑就成了一种活跃气氛的"独门暗器"。

有一次，经济学家郎咸平在广东演讲时称，由于目前国内的国际化策略认知有误区，导致国外某些大型零售商可以在国内低价倾销，并可能最终使国内零售商全军覆没。趁休息时间，顺德一家零售企业的女老板走到后台，对郎咸平说："郎教授，听了您的演讲我感到很震惊，我们现在应该怎么办呢？"

郎咸平说："不知道怎么办。"

"您要帮帮我们，给我们找条出路。"女老板有点儿无助地说。

郎咸平风趣地说："哎，先把问题搞清楚，不是我把你们搞成这样的。"

在场的人一阵大笑。

演讲者要即兴发挥得出色、圆满，其前提条件除了日积月累的文化修养、经验阅历之外，幽默感也是必不可少的。富有幽默感的演讲者，他的一个笑话，一句幽默的话语就能让听众捧腹大笑，不仅活跃了气氛，也能成功吸引听众的注意力。

需要注意的是，演讲中的笑话并不是去追求一种赢得听众一时哄笑的直观效果，那种哗众取宠、插科打诨的低级笑话是演讲的大忌。演讲中的幽默感应是演讲者情操和人格的外化，是思想、学识、智慧和灵感在语言运用中的结晶，是一瞬间闪现的光彩夺目的火花，能够陶冶听众的情操。

幽默沟通技巧

如果在演讲中只是进行平铺直叙，听众就会觉得枯燥乏味，不妨在其中穿插一些有意思的小笑话，不时引得听众哈哈一笑，也会让那些走神的听众回归到演讲主题中来。

八、妙用修辞，把欢笑声放到最大

在演讲的时候，如果可以恰当地运用修辞的手法，往往可以达到幽默风趣的效果，引起观众的共鸣和深思；同时，也可以表达强烈的爱憎情感，增强语言的感染力和说服力，渲染气氛。

在演讲中，如果运用一些夸张和比喻的修辞，更能吸引人，引发更多的"笑果"。很平常的一件小事，如果通过夸张的表现手法展现出来，幽默效果也会被放大展现出来，这种幽默效果在演讲时就会起到明显的作用。

而比喻往往能更贴切地表达情感和观点，使话语妙趣横生，充分调动听众的想象力，起到不同凡响的幽默效果。但在运用比喻的时候，一定要注意抓准本体与喻体之间的相似点，尤其是褒贬色彩的用词要准确。

自由主义大师李敖，有一次在复旦大学进行演讲。不管是什么样的问题，他都像是一位慈师——一应答。整个演讲内容也是充满了睿智和幽默，在演讲一开始他就将自己比喻为"电风扇"。

"我和大家说，我最怕这种讲堂……当讲堂是这个样子的时候，从左到右，从右到左，我就觉得自己是一台电风扇。"李敖如是打趣地开始正式演讲，听众闻罢爆笑。

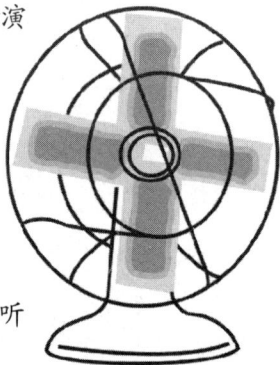

李敖幽默地把自己比喻成一个电风扇，既形象又生动。他拿自己打趣调侃的行为，把整个讲堂的观众都逗笑了。在这种良好的氛围之下，李敖的演讲也就进行得格外顺利。

知名作家刘墉曾经去过很多城市进行演讲，对于城市的印象，他把北京比喻为又大又好吃的大面包，把上海比喻为一块蛋糕，把台北比喻为一块小面包。

有一次，他到昆明去演讲。有人问他，昆明像什么？刘墉说，昆明就像是一块很好吃的蛋糕，上面还加了很多奶油花，美味可口。那人再问他，如果把城市比作女人的话，昆明是什么类型的女人？刘墉很机智地说："昆明这个城市就像女孩子的披肩长发，犹如小剪刀剪过般，有长有短、参差不齐，很飘逸。正如徐志摩的诗歌中写到的那样，'女人的可爱是因为她温柔的气息，使人如同听着悠扬的箫管声，如嗅着芬芳的玫瑰花，如躺在天鹅绒的厚毯子上，就是因为她如水的绿，如烟的青，且还笼罩着我们，怎不令人喜爱呢？'而昆明就是这样的女人。"

刘墉根据每个城市的特点，把他们比作不同的物品。在他的生动比喻中大家对每个城市都有新的认知，即使没去过这个城市的人，在听过刘墉的比喻后也仿佛身临其境，感受到了这个城市的气息。

幽默沟通技巧

修辞是幽默的最佳助手，通过使用修辞，我们很容易就可以达到幽默的效果，表达出强烈的情感，让自己的演讲充满趣味性与感染力。

九、与主持人幽默配合，让你的演讲更加出彩

很多演讲者都认为演讲是个人才华的展现和表演，但在很多场合中，演讲往往不是演讲者个人的事情，台上的主持人在你演讲的过程中同样起着至关重要的作用。

主持人的作用就是为了节目的衔接和过渡。当你在开始演讲之前，如何跟主持人进行良好的沟通，才能使节目可以衔接得更加顺畅，让你的演讲有个良好的开端是决定你演讲成功与否的关键。

作为一名演讲者，首先要面对的问题就是：当主持人向听众介绍你并且称赞你的时候，你应该怎么办？

当面对主持人过分热情的介绍、过分的赞扬以后，你可以适当地开个小玩笑。比如，"看来我的主持人朋友把我出卖了，他在台下向我保证，说大家会因为我的到来深感荣幸，现在看来恐怕不是这样"等话语。

对于演讲者来说，一定要用自己的方式影响主持人对你的介绍，并且试着使自己和听众的紧张情绪可以安定下来，你可以借用别人说过的一些话，比如，丘吉尔曾经说过"我觉得自己好像是一只熊掉进了蜜蜂窝，但愿我的舌头不会辜负这一番好意的挑战"。

如果你的名字比较特别，而且容易出错的话，不妨运用幽默的方式让主持人知道，然后和主持人来一段即兴的幽默配合：

"**您** 怎么称呼，先生？"

"哦，我叫德克。"

"您是德克萨斯州人吗？"

"不，我是路易斯安那州人。"

"那您为什么取名叫德克？"

"我想叫德克应该比叫路易斯安那好一点儿吧。有这样一个怪名字确实有好处，不过我还没发现好处在哪儿。"

这是介绍自己的一种幽默方式，不过也要注意你的自我介绍用语一定要真实可靠、简洁易懂，可以让主持人很快就明白。这样主持人才会乐于与你合作，在与主持人建立融洽关系的基础上，你还需要运用幽默的力量来应对突变。

正如赫伯·特鲁所说，一个演说家站在舞台上，如果知道笑是一剂良药，但自己却不打开瓶盖服用，那几乎可以断言他会成为一个失败者。在演讲中，与主持人的幽默配合，能加深听众的印象和兴趣。

幽默沟通技巧

要想成为一个成功的演讲者，就不能忽视主持人的存在。如果你能够和主持人进行配合，就可以达到一鸣惊人的效果，从而让你的演讲一开始就可以牢牢抓住观众的眼球，再配上足够吸引人的演讲内容和幽默的演讲风格，你的演讲自然就会取得成功。

十、视觉幽默，让听众的注意力无法挪开

在演讲中，有一种理论主张幽默的最高形式是视觉，而不是语言。这是有一定道理的，因为有些时候引起人们发笑的原因并不是话语本身，而是人的行为。因此，在演讲的时候，演讲者可以运用一些视觉效果，让听众知道——现在是你该笑的时候了。

劳伦斯的小说《查泰莱夫人的情人》出版以后，贝特在一次演说中把它打开，里面的两页纸突然燃烧了起来，当然这是从魔术师那里学来的。他把书合拢后，说："大家已经看到了，由于你们对这本书的热情很高，差点儿引起了火灾。"

视觉幽默就是将景象和声音融合起来，这个时候往往需要使用一些出人意料并且有趣的道具。可是，美国加州大学的一位老师可以不使用任何道具也能制造出视觉幽默，他就是奈德。

有一次，奈德去参加加州大学的一个会议，本来他不打算在会议上发言的，更没有想到会坐在讲台上。当时因为正处于"闹学潮"，学生们把他推到讲台上，让他就学潮问题发表一下自己的观点。

因为这件事非同小可，所以他十分谨慎。在一片骚乱中，他走上了讲台，正好在墙角有一架钢琴，他就在钢琴旁边坐了下来，按出了一个颤悠悠的低音。然后，回头看了一下说："对不起，我有点儿紧张，不过马上就好。"然后他噼里啪啦地弹出了几个音符，在话筒面前坐好，然后他缓缓地、小心翼翼地假装扣好身上的安全带说："希望这次在飞行中别失事就好。"

大多数的视觉效果都是通过人的动作来表现的，但是动作也不要太夸张。因为除了极少数的情况之外，太夸张的动作只会令听众把注意力都放在你的动作上，从而忽略了你的演讲内容。就像下面这位演讲者：

李坤走上讲台之后，一屁股坐在了椅子上，接着马上又站了起来。说了一声"对不起"，然后再小心谨慎地坐下去，只把半个屁股放在椅子上。他说："坐着讲话效果不太好，请大家原谅。"

因此，在使用视觉幽默的时候，演讲者的动作要尽量放松，这样才可以消除由听众的冷峻感形成的"心理墙"。还要注意动作幅度不可太大，保持在绅士风度动作范围之内，因为这是演讲而不是表演。

视觉上的幽默是绝大多数听众都看得见的，演讲者的身体动作就好比是无声的语言。视觉幽默除了动作，还有表情，在演讲中"冷面滑稽"的表情对产生幽默效果很有用。

如果演讲者一本正经地说出了令人啼笑皆非的话，表情却是严肃的，语言和表情就会在碰撞中产生强烈的幽默效果。在演讲中，语言和动作都是需要限度的，如果在演讲中挤眉弄眼、故作怪相，那就不是演讲，而是滑稽表演了。另外，表情也不能过于猥琐，只有轻松而不失端庄、生动而不落俗套的表情，才有助于演讲的成功。

演讲是一个完整的过程，不仅开头很重要，能否有个妙趣的结尾也是影响演讲成功与否的关键。演讲的幽默式结尾方法是不胜枚举的，其中最重要的一个方式就是运用视觉幽默来结束演讲，给听众留下深刻的印象。

> **幽默沟通技巧**
>
> 幽默并不只是通过语言表现出来的，动作和表情同样是表达幽默的有力方式。学会打趣的结尾，用幽默的方式让人体味到寓庄于谐的妙趣，就可以让演讲达到精彩绝伦的效果。

十一、遇到刁钻问题，用幽默来回答

美国的心理学大师赫伯·特鲁把演讲后的提问时间归结为三种：幽默失效、环境物理情况的干扰、听众故意捣乱。无论是哪种情况，我们都应该幽默作答，赢得"趣结"的结果。

听众的故意捣乱，有很多都是建立在"合法"的基础上，他们希望通过向演讲者问一些刁钻古怪的问题来达到捣乱的目的。尤其是在演讲的问答阶段，运用幽默的技巧既可以巧妙地避免自己陷入刁钻问题之中，也可以给听众留下深刻的印象。

曾经有一位学者开办了一堂关于心理学的讲座，这个讲座吸引了很多人前来倾听。演讲结束以后，几个比较捣蛋的学生问了几个刁钻古怪的问题，其中之一就是请学者谈谈对于性解放的看法。学者说："这还需要回答吗？现在街上流行超短裙，三点式泳裤也出现了。《红楼梦》里的林妹妹有这么大胆吗？"

学者的这个回答可以说有曲径通幽之妙，巧妙地说明了现在与过去的不同，"性解放"的确为更多的人所接受，这也是时代发展的表现之一。

黄渤与徐静蕾、杨子姗、许玮甯合作演出了电影《记忆大师》，在新片发布会的游戏环节，黄渤出现了口误。

现场大屏幕上出现了五位主演的照片，等看完徐静蕾的照片以后，黄渤突然客串了一把主持人，说了一句："让我们来看看最漂亮的。"他指的是许玮甯。估计黄渤也知道自己口误了，所以打住了话头。这时，徐静蕾问他："你在现场不是说我最漂亮吗？"

黄渤接住话头说："说完这句话我后背全湿了，幸亏只来了两个（女主演）。"黄渤赶紧称赞徐静蕾："自信的女人不需要夸奖！"

幽默是人类沟通的桥梁，掌握幽默技巧的高手总是把笑话说得又好听又幽默，让人受益匪浅。我们都熟知一句话："会说话的让人笑，不会说话的让人跳。"我们习惯把能让人笑的语言称为"幽默"，而幽默高手的本事远不止于此，他们最厉害的就是运用幽默应对各种刁钻的问题，让别人都折服于伶牙俐齿之下。

一位叫张军的患者问医生："我能活到100岁吗？"医生在检查了张军的身体以后，问道："你今年多大年龄了？"张军说："50岁。"医生又问："你有什么嗜好吗？比如说，喜欢美女、嗜酒、吸烟、赌钱，或者其他的嗜好？"

张军非常不高兴地说："我最恨吸烟、喝酒，更讨厌女人。"

"天哪，那你活到100岁干什么？"

可想而知，张军期待的是谢绝烟酒可以得到医生肯定的回答，可结果不但相反，还把这些当成了生命的"意义"。否定了这一切，也就否定了张军活到100岁的价值，意思就是这一切的价值远在生命的价值之上，实在让人忍俊不禁。

　　在生活中，我们必须要学会用幽默来应对各种各样刁钻的问题，因为幽默是成功的必备素质。我们应该积极行动，在自己的周围，比如同事、朋友以及家人身上寻找幽默、发现幽默，然后将这些幽默转化成自身独特的幽默成分，相信这会让我们的生活更加快乐。

十二、在笑声中结尾，让人回味无穷

　　演讲要获得全面成功，一定要有一个精彩的结尾。俗话说："编筐编篓，全在收口。"如果说好的演讲开头犹如"凤头"，那么好的演讲结尾就像"豹尾"，这样的结尾才会精彩绝伦、强劲有力。

　　演讲的结尾部分是对整个演讲的总结，它承担着收拢全文的任务，其意义非常重要。演讲的结尾既要有幽默文采又要坚定有力，既能概括全篇又耐人寻味，这样才能使全篇演讲得以升华，收到良好的效果，才能让听众在笑声中对你的演讲感到意犹未尽。

　　初次登台演讲通常容易结束得太唐突，这种结束演讲的方法未免欠缺圆满。其实并没有结束，只是突然中止，就好像正在同一位朋友谈话，突然你鲁莽地站起来走了，连一句告别话也不说一样。那么，怎样使演讲结束得既不唐突，又很简洁呢？

　　美国一位著名演讲家在即将结束自己的演讲时，穿上了外套，戴好了帽子，套上了手套，然后温文尔雅地用诙谐的口吻说："先生们、女士们，我已经结束了自己的演讲，而你们呢？"

　　上面的例子中，演讲家的结束语虽然简短、幽默，却因为有了动作的铺垫而显得水到渠成，并不唐突。

　　如果演讲是在一天工作快结束的时候举行，演讲者便可以用幽默来结尾，用幽默力量来消除听众一天的疲劳，使他们的精神得到放松。当然，幽默还要和讲的主题有关，例如：

　　鲁迅在结束《在上海中华艺术大学的演讲》时，对听众说："以上是我这几年对美术界的观察所得的几点意见。"紧接着，鲁迅一边将手伸进长袍，一边说道："今天我带来一份凝结了中华五千年文化结晶的物品，望大家好好欣赏一下。"说着，他便把一卷纸小心翼翼地从衣襟上方拿出，慢慢打开，原来是一个破旧不堪的月份牌，在场的人顿时大笑起来。

鲁迅在演讲结尾恰当地运用道具来表演，与结束语形成了鲜明的对比，非常幽默，不仅使演讲在欢快的氛围中结束，更深化了听众对演讲主题的理解。

大多数情况下，你在演讲结束前不要勉强自己笑，这样结尾才会更有效，最好试试唤起听众对你会心的一笑。以温和的幽默力量来讲一个事实，或说一句妙语，或者对听众道一声祝福，都会收到莫大的效果。

老舍在一次演说的开头说道："今天我要和大家谈六个问题。"接着，他有条不紊地分别把前五个问题都说完了。这时，他发现距离散会的时间已经很近了，于是他提高了嗓门，字正腔圆地说道："第六，散会!"

听众刚开始还没反应过来是怎么回事，几秒钟后才热烈地鼓掌致意。

注意，在结尾时要使你的听众带着悦然接纳的心情微笑。其实，演讲的结尾要比演讲的开头还难掌握，因为听众们都期待着一个精彩有效的结尾。演讲和写文章一样，同样讲究首尾呼应，首尾衔接。为了避免结尾太唐突，还可以对演讲的结尾设计一些悬念。所谓的悬念，也就是在叙述一件事情时，不要匆忙显示你的结果，要慢慢来，沉住气。用独具特色的语气和戏剧性的情节来表现你的幽默才华，也就是在结尾时把最关键的话说出来。

一个演讲者能在结束时赢得笑声，不仅能体现出自己演讲技巧的娴熟，还能给听众留下愉快、美好的回忆，这通常被视为演讲圆满结束的标志。精彩的结尾能提升整个演讲的内涵和风采，而在结尾中巧妙地运用幽默，更能给听众留下深刻的印象。

在第四届全国校园文学研讨会上，"学术超女"于丹做了精彩的演讲，在演讲的结尾，于丹以一个故事作为祝福送给所有听众：

有个刁钻的年轻人想为难睿智的老酋长，他抓了一只小鸟问老酋长："您说这小鸟是生还是死呢？"年轻人盘算着，如果老酋长说是生，他就暗中加把劲儿将它捏死；如果老酋长说是死，他就张开双手将它放飞。思索一番后，年轻人信心十足地等待着胜利。只见老酋长慈祥地笑了笑，拍了拍年轻人的肩膀说："生命就在你的手里。"

于丹借这个故事继续说道："今年，无论将遭遇多少风雨，无论将直面多少荣光，我向上天祈祷，我不求命运完全掌握在自己的手里，只希望无论面对什么困难，我都毫不畏惧！面对未来的每个日子，无论是今年还是更远的将来，我想我们每个人的未来都掌握在自己手里。"（掌声雷动）

于丹善借故事倾谈心声，含义隽永而含蓄蕴藉，又与主题紧密相连，把寓意深刻的道理讲得耐人寻味。接着巧用名言"我们每个人的未来都掌握在自己手里"，升华了主题，字字珠玑、铿锵有声，如心灵鸡汤一般，滋润着台下听众的心田，自然收获了热烈的掌声。

美国演说家乔治·柯赫说："当你说再见时，你必须使听众微笑。"在一场演讲中，精巧的结尾如余音绕梁，袅袅不绝，会使听众余兴未阑，回味无穷。

拿破仑说过："兵家成败决定最后 5 分钟。"同样，演讲的成败在相当程度上取决于演讲的结尾。这是因为，如果演讲有精彩的开头和高潮，再加上一个出人意料、耐人寻味的好结尾，就如同锦上添花，会给听众带来精神上的愉快和满足。

幽默沟通技巧

在各种风格迥异的演讲中，幽默式的结尾可以称得上是非常有趣的一种。哈佛大学演讲大师乔治·威廉曾说："当你说再见的时候，要使他们脸上带着笑容。"因为听众的笑容就意味着成功。

谈判是我们生活的一部分，我们每时每刻都有可能面临谈判。我们生活的空间，无法避免和别人的接触，这样就会自觉或者不自觉地成为谈判的参与者。

幽默，是智慧的流露，在谈判中同样可以魅力四射。如果将幽默加于谈判桌前，可以有效缓解紧张的氛围，顺利化解僵持局面。想要在谈笑间挽危局于水深火热之中，想要轻松达到你的谈判目的，想要瞬间化干戈为玉帛，那么请记住：适时幽默。

第十章

"雄辩"滔滔，谈笑中扭转谈判乾坤

一、幽默寒暄，激活谈判氛围

寒暄就是我们通常所说的打招呼，也是人与人之间建立语言交流的方法之一。它能使不相识的人相互认识，使不熟悉的人相互熟悉，使尴尬的气氛活跃起来，同时，寒暄在人们的日常生活中也必不可少。比如，老朋友见了面，总得寒暄上两句"好久不见""近来可好"等；邻居见了面也要寒暄上两句"今天天气不错啊""吃饭了吗"等，这也是一种礼貌。

在谈判中，同样需要寒暄，这样开局的气氛会比较缓和，不会显得那么生硬。如果这种寒暄再幽默一点儿，就会缓和一开始双方的尴尬和紧张，谈判就会在活跃的气氛中开始。

刘鹏为了达成公司与友公司的协议，与对方代表人员进行了谈判。在双方代表见面时，刘鹏注意到对方的年龄应该至少在45岁之上。

刘鹏与对方的王科长一见面就说："王科长，很荣幸与您进行会谈。"

王科长："您好，欢迎，欢迎。"

刘鹏："王科，您与我想象中的不一样啊！"

王科长："哦？"

刘鹏："您比我想象中的年轻多了，您现在应该还没有40岁吧？"

王科长："哪里！我都47岁了。"

刘鹏（很认真地）："噢！您看上去顶多39岁，平时都是怎么保养的呢？"

王科长（高兴）："嗨，这都是我老婆的功劳，结婚这么多年任劳任怨，我们从来没有吵过架，我怎么说，她怎么做。"

刘鹏："真羡慕你们，王科长您是怎么做到如此和谐的夫妻关系的，您得好好教教小弟，我媳妇能对我这么好就好了。"

王科长（还是高兴）："好啊，有时间带上你爱人，我也带上我老婆一起出去玩。"

相信在刘鹏的一番幽默恭维之下，在接下来的谈判中，如果有可以让步的地方，王科也会乐于为刘鹏做出让步的。因此，在严肃的谈判之中，进行幽默的寒暄不仅可以融洽双方之间剑拔弩张的关系，还可以为己方争取一些人情优惠。

所以说，必要的寒暄并不是可有可无的废话，而是正式谈话之前的良好开端和基础。要使谈判顺利地进行就必须先要营造友好、和谐的谈判气氛，寒暄正是营造这种气氛的手段。

任何谈判的开始都有一个导入阶段，也就是谈判双方见面、打招呼和相互问候这一阶段。在这个阶段，谈判双方一般都会谈论一些与谈判无关的轻松话题。

谈判者主动与对方打招呼、寒暄，就等于在向对方宣布：我坦率地打开心扉，我愿意与你建立良好的人际关系。这样做自然会很容易获得对方的好感，消除谈判双方的紧张情绪和敌对戒备心理，使双方都能以轻松的姿态开始谈判。

寒暄时要有主动、开朗、友善的态度，要用明朗的表情、热情的态度和对方交谈，努力发挥个人魅力，给对方留下美好的第一印象。这样在之后的谈判中，就会沿着这个良好开局进行下去，不至于出现一开始就僵持不下的局面。

幽默沟通技巧

不要认为谈判中的寒暄是可有可无的废话，假如在开场时你与对方进行幽默的寒暄就会缓解彼此尴尬和紧张的气氛，消除对方心中的戒备，这有助于谈判的顺利进行。

二、陷入僵持，试一试幽默破冰法

在谈判过程中，谈判双方经常会在一些关键性问题上互不让步，使谈判出现僵局，导致谈判桌上弥漫着浓浓的火药味，甚至会面临谈判破裂的危险。如果你正好是谈判的一方，而且谈判破裂将给你方造成重大损失，此时就可以运用幽默的语言来"破冰"，打破僵局，从而使谈判继续进行下去。

随着谈判的深入，双方内心都会越来越忐忑不安，尤其是当谈判陷入僵局时，可以运用"顾左右而言他"的幽默谈判技巧来消除双方尴尬的状况，稳定自己的情绪，使谈判气氛变得轻松、活泼，从而打破僵局，掌握主动权，为谈判成功奠定一个良好的基础。

世界第一位女大使柯伦泰曾被任命为苏联驻挪威全权贸易代表。一次，她和挪威商人谈判购买挪威鲱鱼，挪威商人出价高得惊人，她的出价也低得让人意外。双方开始讨价还价，在激烈的争辩中，双方都试图削弱对方的信心，互不让步，致使谈判陷入僵局。

最后柯伦泰笑着说："好吧，我同意你们的价格。如果我们政府不批准的话，我愿意用自己的工资来支付这个差额。但是，这自然要分期付款，可能要支付一辈子了。"

挪威商人在这个谈判对手面前无计可施，只好同意将价格降到柯伦泰认可的标准。

柯伦泰运用幽默巧妙破解了谈判的僵局，最终使对方接受了己方的条件。

婉转提问也是"顾左右而言他"幽默技巧的一种，这种提问是用婉转的方法和语气，在适宜的场合向对方发问。这种提问是在没有摸清对方虚实的情况下，先虚设一问，探出对方的虚实，进而采取相应的对策。出色的谈判大师总是工于心计，巧于言辞，在谈判桌上运用自己的口才和幽默与谈判对手展开智慧的较量。

谈判中并不是自始至终都一帆风顺的，出现僵局也是情理之中的事情。谈判的僵局看似"山重水复疑无路"，但只要找出问题所在，并妥当地解决，就能够"柳暗花明又一村"。事实上，许多谈判之所以陷入僵局，常常是基于谈判双方在立场、感情、原则上存在着一些分歧，而这些分歧通过谈判者的努力，打通心理渠道，逾越人为障碍，是能够取得谈判的成功的。

有一条船在航行中，突然狂风吹来，海浪滔天，船马上就要翻了。船长急忙命大副去通知乘客弃船逃命，结果大副去了半天，悻悻而回，说道："他们都不愿跳下去，对不起，我实在没有办法了。"

船长无奈，只好亲自到甲板上去，不一会儿，便微笑着回来了，他说："都跳下去了，我们也走吧！"

大副很惊异地看着他，问道："您是怎么劝说他们的呢？"

船长说："我首先对那个英国人说：'作为绅士，你应该做出表率'，于是他跳下去了；接着，我又板着脸对那个德国人说：'这是命令'，于是他也跳下去了；我又对那个法国人说：'那种样子是很浪漫而且潇洒的'，他也跳下去了；我对伊拉克人说：'这是将军和真主的旨意'，他马上起身，穿上救生衣就跳了下去。"

大副一听，简直佩服得五体投地："太妙了，长官，那么您是怎么对美国人说的呢？"船长说："我说：'您是被保了险的，先生'，那家伙赶紧夹着皮包跳下水去了。"

在上面的案例中，船长针对不同的人，总结归纳出了他们各自的民族特点，并针对这些特点采用了不同的说法。在我们看来，这些说法都很幽默，可是在听者耳中，它代表了另一种属于民族和职责的内涵。其实，在无奈的情况下，大家必须做出跳海的选择。每个人都明白船长所要表达的意思，对于大副没有完成的任务，船长很轻松地就解决了。

这告诉了我们一个道理：想要在谈判桌上说服他人，除了要使自己的语言信号准确无误地传达给对方，分析对方的性格，因人而异采用有针对性的语言进行说服之外，最重要的还是先形成良好的形势，使对方在没有其他选择的情况下不得不接受我们的提议，这样幽默的说服才会收到预期的效果。否则，就很可能因基本条件不充分而导致谈判失败。所以，我们在谈判时要大智若愚，巧避锋芒。

在谈判进入交锋阶段、妥协阶段等实质性的磋商时，常常由于某些人为或突发原因，使得谈判双方僵持不下，从而进入一种进退维谷的僵持局面。

在这种情况下，如果谈判人员不善于找寻产生僵持局面的原因和解决的方案，一味地任其发展下去，就很可能导致谈判的破裂。

能否打破僵局，就成为谈判能否继续进行下去的关键。此时，用合适的幽默来打破僵局，不仅能让谈判顺利地进行，还能化解紧张、尴尬的气氛。

幽默沟通技巧

谈判桌上总是充满了火药味，一不小心双方就会陷入僵局。这个时候谈判还是要继续下去的，不妨运用幽默的语言来调侃一下，让彼此坦然一笑，僵局便会不攻自破。

三、扭转战局，"答"亦有技巧

谈判的双方要相互尊重。不管双方代表在个人身份、地位上有多大差异，他们所代表的组织在力量、级别等方面如何强弱悬殊、大小不均，一旦走到谈判桌前，就都是平等的。

可现实中，有的谈判代表自恃地位高贵，或背后实力强大，在谈判中傲慢无礼，对另一方挖苦攻击，试图在气势上压住对方，迫其屈服；也有的代表自身涵养不好，谈判不顺利就恼羞成怒，甚至对另一方侮辱谩骂。

在此类情况下，怎样变被动为主动？既不辱使命、不失气节，又不致激化矛盾，使谈判破裂呢？此时，处于被动的一方可以使用幽默语言回敬无礼的一方，煞住其气焰，挽回战局。

"问"有艺术，"答"也有技巧。问得不当，不利于谈判；答得不好，同样也会使己方陷入被动。在谈判中，回答问题不是一件容易的事。因为谈判者不但要根据对方的提问来回答，还要把问题尽可能地讲清楚。而且，谈判者对自己回答的每句话都负有责任，因为对方可能会把回答理所当然地认为是一种承诺，这就给回答问题的人带来一定的压力。因此，一个谈判者水平的高低很大程度上取决于他回答问题的水平。

在谈判中，谈判者可以运用"答非所问"的幽默技巧巧妙扭转不利于自己的局势。答非所问指答话者故意偏离逻辑规则，不直接回答对方提问，而是在形式上回应对方问话，通过有意地错位造成幽默效果。答非所问并不是逻辑上的混乱，而是用假装错误的形式，幽默地表达潜在的含义。

有个爱缠人的先生盯着小仲马问："您最近在做些什么呢？"

小仲马平静地答道："难道您没看见？我正在蓄络腮胡子。"

那位先生问的是小仲马近来做了哪些重要的事情，小仲马自然懂得对方问话的意思，但他偏偏答非所问，用幽默暗示那位先生：不要再纠缠了。小仲马故意把蓄胡子当作极重要的事情，显然与问话目的不相符合。他表面上好像是在回答那先生，其实并没给他什么有用的信息。在谈判中利用这种幽默技巧也能起到让对方摸不清己方虚实的作用，从而赢得谈判的主动权。

俗话说：锣鼓听音，说话听声。谈判中更是如此。悉心聆听对方吐露的每个字，注意他的措辞、选择的表述方式、语气，乃至声调，这是对方无意间透露消息的一个重要途径。在认真倾听过后，我们已经可以掌握一些有关对方的情况，这时候就可以用幽默的语言来回击对方了。

这种谈判方式有时候会以其人之道还治其人之身，这其实就是把返还幽默的技巧用在谈判中。返还幽默技巧很是巧妙，它使用的思维套路是对方的，而后由此及彼，物归原主，它的目的是让对方"搬起石头砸自己的脚"。

餐馆里一个顾客叫住老板："老板，这盘牛肉简直没法吃！"

老板："这干我什么事？你应该到公牛那里去抱怨。"

顾客："是呀，所以我才叫住了你。"

顾客按照老板的荒谬逻辑，推论出老板应是"公牛"，使对方哭笑不得，自食其果。这种方法在谈判中用处极大，它抓住对方的话柄，顺着说下去，让其向着有利于自己的方向发展。

这种谈判方法的特色在于不作正面抗衡，而是在迂回的交谈中顺着对方的话说下去，借力胜敌，从而达到自己的目的。当自己在谈判中处于不利的地位时，也可用这种"善倾听，巧反驳"的谈判方法使自己摆脱困境。

答非所问很讲究技巧，抓住表面上某种形式上的关联，不留痕迹地闪避实质层面，有意识地中断对话的连续性，得到出其不意的表达，幽默旨在另起新灶，跳出被动局面的困扰。

四、模糊语言战术，把"烫手山芋"抛给对方

模糊语言可以很好地服务于谈判者的交际，在谈判中使用模糊语言并不是因为谈判者缺乏对谈判事项的清楚认识，而是有意识使用的结果。在谈判中，使用模糊语言也是一种谈判的策略和手段。

在谈判中，有时谈判对手固执己见，坚持明显不正确、不合理的要求，这时我们可以打破思维常规，不能一味地唱反调，可以说一些模棱两可的话，让对方处在云里雾里，把棘手的问题交给对方。

俗话说："常在河边走，哪能不湿鞋。"在谈判中，谁都免不了会遇到一些意想不到的事情，如果处理不好，就会处于被动地位。遇到这种情况时，要想化解难堪，使用模糊语言战术来幽默应变不失为一个好办法。

在谈判中，直陈其言、正面表态往往会让自己陷于被动的局面，这时可以运用模糊语言灵活地进行表达。另外，运用模糊语言还能产生奇特的幽默效果。下面是两国外交官的一段对话：

甲："阁下的声明是否表示贵国政府对××协定的成效有所怀疑？"
乙："我不准备这样说，当然你可以按自己的理解去解释。"

乙虽对甲国政府××协定的成效有所怀疑，但又不好正面回答，所以他采用含糊其词的语言把这个"烫手的山芋"抛给了甲，避免了因直接回答而给对方抓住把柄的可能性。在谈判中，幽默也可以作为通幽的曲径，婉转地表达你的希望、条件和要求，倾诉你对谈判成功的渴望之情。

一个被判处死刑的罪犯的死期到了。警察唤醒他，问他早餐想吃点儿什么。他说："凡是我所喜欢吃的都想吃。"

"对啦，我想起来了。"罪犯对警察说，"我最喜欢吃桃子。"

"你知道，现在是冬天，哪来的桃子呢？"警察答道。

"没关系，"罪犯说，"我可以等！"

在严格的法律面前，罪犯的要求当然不会得到满足，不过我们可以在谈判中使用这种幽默的方法委婉地提出自己的要求，然后把问题交给对方去思考，我们也就在谈判中占据了主动。美国沃思堡市亿万富翁巴斯四兄弟被喻为谈判桌上的奇才，在一次重大谈判中他们就巧妙地运用了这种谈判手法，简单地把条件说清楚，然后给对方留下充分的思考时间。

模糊语言作为幽默语言的表达形式，在谈判中既能淡化矛盾，又能保护好自己。懂得幽默智慧的人总能巧妙地用模糊语言将尖锐的话语表达出来。

卡耐基认为，对于一些话题比较尖锐的事情，最好使用模糊语言。给对方一个模糊的意见，或者多用一些"好像""可能""看来""大概"之类的词语，给自己留有余地，语气委婉一些。在幽默说话之道中，懂得运用模糊语言可以实现对自己的保护，也能将棘手的问题"拱手让人"。

例如，当学生在课堂上回答不出问题时，作为老师一般不应这样训斥学生："你怎么回事？昨天肯定没复习！"而应当用模糊、委婉的语言表达批评的意思："看来你好像没有认真复习，是不是？还是因为有点儿紧张，不知道该怎么说呢？"而且应当进一步提出希望和要求："希望你及时复习，抓住问题的要领，争取下次做出圆满的回答，好吗？"这样既给了学生面子，也能达到良好的沟通效果。

在一些交流场合，尤其是在一些比较正式的场合，经常可以碰到一些涉及尖锐问题的提问，这些提问不能直接、具体地回答，却又不能不回答。这时，说话者就可以巧妙地用模糊语言表达自己的意见，让当事双方都不感到太难堪。

用模糊语言回答尖锐的提问是一种智慧，它一般是用伸缩性大、变通性强、语意不明确的词语来化解矛盾，摆脱被动局面。

我们在听政府发言人讲话，或者看一些文件、公报的时候，常常觉得平淡无味，但是这些语言往往蕴含着非常深刻的含义，只是用了一些模糊的词语，让其显得平淡而已。这些模糊语言既达到了说明问题的目的，又起到了淡化矛盾的作用。在谈判中，用模糊的语言来表达是一种机智，更是一种幽默的艺术。

幽默沟通技巧

运用幽默、机智的模糊语言把尖锐问题抛给对方，是在谈判中经常运用的技巧，这样不仅可以淡化矛盾，还可以保护自己。

五、旁敲侧击，笑语中暗藏玄机

在日常的生活以及工作中，每个人的心理都很难把握。我们需要做的是通过缜密、周全的问题推测出对方的真正意图，从而能在谈判中通过旁敲侧击的方法来巧妙地实现对他人的说服。

在谈判过程中的场外交涉，以间接的方法和对方互通信息，与对方进行心理与情感的交流，使分歧得到解决，从而达成协议，这种方法就是旁敲侧击。对于神经敏感的谈判对手来说，使用这种暗示引导的方法是很容易奏效的。

有一次，冯骥才出访法国。在欢迎宴会上，很多西方记者蜂拥而至，接二连三地向他提一些问题。其中一个记者问："尊敬的冯先生，贵国改革开放，学习资本主义国家的东西，你们不担心变成资本主义吗？"冯骥才幽默地答道："不！人吃了猪肉不会变成猪，吃了牛肉也不会变成牛。"精彩的回答博得了众人的喝彩和掌声。

面对西方记者的刁难，冯骥才用了另一种方法来回答，虽然没有直接点明问题，但是话中有话，既不会让那位记者觉得难堪，又表达了自己的看法。在许多场合，有些话不好直说，不能直说，也无法明说，于是旁敲侧击绕道迂回就成为人们所采用的方法。

漫画家方成上初中的时候在叔叔家吃饭。菜端上来，叔叔尝了一口，说："打死卖盐的啦！"婶婶出来问："菜太咸了？"叔叔笑着点点头。对叔叔这种旁敲侧击的讲话方法，方成心领神会，以后遇到类似的情况，方成也喜欢这么说。

一次，他和同学在饭店吃饭，菜端上来，菜量很少，方成就对着服务员说："这碟子太大。"服务员明白了方成话中有"话"，就对他解释了几句，并且还给他们添了一些菜。这种谈话方式，方成用了不止一次。

20世纪60年代，物价低，住招待所，床位每宿3.24元。一次，方成出差到江苏某城市，住宿在一家比较高级的招待所，宿费8元一晚。那个招待所臭虫比较多，搞得方成一夜都没有睡踏实。这一夜方成几次起床，共捉了4只臭虫。第二天，方成找到招待所服务员，对他说："你们这儿的物价真高。"服务员惊讶地说："不高啊，这比北京招待所的价格低多了。"方成说："怎么不高，我睡一宿花8元钱，捉到4只臭虫，合2元钱一只呢。"服务员一听乐了，脸也红了，不好意思地说："真对不住，以后我们一定把卫生搞好。"

如果方成直接对服务员说菜量太少，除了显得不礼貌，对方可能还会不客气地回敬"是你吃得太多"；如果直接告诉服务员房间有臭虫，服务员也难免心有不满。而方成在面对这些情况的时候，幽默地借题发挥，用另一种方式表达出自己的意思，让对方心甘情愿地帮助自己解决问题。

幽默沟通技巧

在谈判中，有些话是不便于明说的，想让对方了解自己的想法，就可以通过旁敲侧击的方式，这样既不缺乏幽默，又表达了自己的意图，巧妙地说服对方。

六、幽默善辩，让对手明白你的弦外之音

"弦外之音"通常都是"醉翁之意不在酒"，看似在说这件事情，其实在说另一件事情。在很多情况下，不论你是面对谈判对手，还是平常的交谈，都不要用过于直接的方式去说，可以用比较婉转的方式来表达自己的意图。

什么是幽默的善辩？要明白，机智巧辩不等于或者不完全等同于善辩，从字面来理解就是充满机智的辩解，或者说辩解是充满机智的。一般来说，善于机辩者不一定善辩，善辩者一定可以机辩。

所以，如果一个人可以机辩就证明他有敏捷的思维，但不一定可以像善辩者那样做得面面俱到。

李威出差到一个城市，想找一家小旅馆居住。他问老板："一个单间加上一顿早餐，一天需要多少钱啊？"

旅馆老板说："我们这里有各种不同的房间，房间不同，价钱也不同。二楼的房间 500 元一天，三楼的房间 400 元一天，四楼的房间 300 元一天，而五楼的房间只需要 200 元一天。"

在听完老板的详细介绍以后，李威考虑了几分钟，然后拿起箱子就要走。

老板问道："先生，您是觉得我们这里太贵了吗？"

"不，那倒不是，我只是觉得您的旅馆太低了而已。"

如果能够把机辩和善辩统一起来，又可以把这种统一与幽默渗透贯通起来，用幽默的语言展开自己的机智之"辩"，这种口才艺术我们就称之为"机辩善辩"的幽默。

话语中有幽默，生活才更有味道。王蒙说："幽默是一种酸、甜、苦、咸、辣混合的味道。它的味道似乎没有痛苦和狂欢强烈，但应该比痛苦和狂欢还耐咀嚼。"

自嘲也是幽默辩论中的一种，当幽默成为一种自嘲的时候，就增添了当下谈话的调侃气氛。当你在面对别人的攻击和嘲笑时，幽默的语言往往是反

击别人最锋利的武器。

王谦的太太赵颖产后身材日渐发福，王谦就取笑赵颖说："太太，你真是越来越'突出'了。"

赵颖听了以后回答："这么突出的女人，也只有像你这样'中厚'的男人才配得上啊！"

这就叫以其矛攻其盾，也就是以其人之道，还治其人之身，这就是幽默的精髓所在。

著名诗人马雅可夫斯基正在演讲时，有一个人突然跑到讲台上指责他"狂妄"。这个人挑衅地说："我跟你说，马雅可夫斯基，你不要太得意，拿破仑说过'从伟大到可笑，只有一步之差'。"

这个人用拿破仑的名言来挖苦马雅可夫斯基，显然是为了羞辱他、贬低他。但是，马雅可夫斯基只用了一句话，就使整个情势逆转了。

他目测了一下自己和那个人的距离，然后用手指指向自己和对方，说："不错，伟大到可笑，的确只有一步之差。"顿时，全场听众恍然大悟、哄然大笑，那个人则瞠目结舌、狼狈不堪。

巧妙引导，灵活转接，抓住契机，后发制人，也是日常交际中非常有效的幽默手法。

其实，在历史上和现实生活中，我们都可能看到或听到过许多"机辩"与"善辩"的幽默。当年诸葛亮只身过江东，游说孙权抗曹，舌战群儒，这已经成为家喻户晓的历史趣闻了。

在日常生活中，也不缺乏这样的幽默。比如在酒席上，有的人特别善于辞令劝人喝酒；在一些会议上，面对某项一筹莫展的计划，有的人可以巧妙地拉拢他人给予支持的掌声。

幽默沟通技巧

在与人交际中，其实有些话不必说得那么直白，你可以巧妙地利用"弦外之音"，既让对方知晓自己的意思，又可以让双方都留有余地。

七、善用幽默使自己变被动为主动

在谈判中，要想做到制人而不受制于人，就要学会掌握谈判的主动权。主动权通常会掌握在强势的一方手里，对于稳操胜券的一方来说，"一步主动则步步主动"。因此，不仅与其他人合作要占据主动，在竞争中要占据主动，在谈判中同样也要占据主动。

在谈判中占据主动的方法有很多，利用幽默的技巧向对方进行引导，可以不动声色地在谈判中占据主动。

赵方下班回到家里，他正在上大学的儿子对他说："爸爸，你知道人类学家曾经说过什么吗？"赵方带着疑问的口吻说："不知道。"儿子继续说："人本来是不该直立行走的。"赵方说："那又怎么样？"儿子说："所以你就把汽车钥匙给我吧！"

儿子采用先发制人的方式，主动向父亲发问，一步步引诱父亲进入自己设计的"语言陷阱"。再提出自己的"借车"要求，使父亲没有办法拒绝，从而达到了自己的目的。

如果你想尽快地达到谈判的目的，就需要做好多方面的准备。最好的方法就是根据实际情况提出多种选择方案，然后从中找出一个最佳方案作为达成协议的基础。有了多种应对方案，就会使你有很多回旋的余地。

小男孩："妈妈，我要养一只小狗。"

妈妈："狗多脏啊，宝宝听话，咱们不养狗。妈妈明天给你买只漂亮的玩具狗。"

小男孩："妈妈，我不要玩具狗，没有小狗，我要一个小弟弟陪我玩也行啊。"

结果，第二天，妈妈就给小男孩买来了一只小狗。

小男孩主动提出要求，给了妈妈两个选择，要一只小狗或者一个小弟弟，妈妈自然会同意买只狗给他了。

而且，你可以提出两种或多种选择，这些选择都可以是对方不愿意接受的。但比较起来，其中总会有一种令对方更乐意接受。这时，你改变谈判结果的可能性就更大了，因为你充分了解和掌握了谈判的主动权，也就掌握了维护自己利益的方法，就会迫使对方在你所希望的基础上进行谈判。即使对方不同意其中的任何一种提议，也会在你提议的基础上提出新的解决办法。

在谈判中采用幽默的姿态可以缓和紧张的形势，制造友好、和谐的气氛，从而缩短双方的心理距离，淡化对立的情绪，也可以让受挤兑的一方化不利为有利，从而掌握主动权。

邓晨代表公司与外方代表进行谈判。在邓晨义正言辞的"攻势"下，对方不但不接受，还说与邓晨谈判等同于"对牛弹琴"。这个时候邓晨灵机一动，利用对方抛来的话语，巧妙地回敬了对方："对！牛弹琴！"

邓晨把对方抛来的"对牛弹琴"这个成语巧妙地进行了结构上的调整，变成了一个内涵丰富的"对！牛弹琴！"，从而成功摆脱了困境，又迫使对方陷入了无地自容的窘境。

幽默是一种生活态度，可以毫不夸张地说，一个懂得幽默的人比一个古板的人更适合游刃于社会中。在谈判这样一个富有挑战性的活动中，合理利用幽默更容易达到谈判的目的。

> **幽默沟通技巧**
>
> 在商业谈判桌上，幽默风趣，巧于辞令，可以增加利润，甚至开辟新的贸易渠道，拓宽财源。幽默能使你在谈判中如鱼得水、左右逢源，在"山重水复疑无路"时看到"柳暗花明又一村"。

八、在忍耐中用幽默化解僵局

在谈判中，幽默可以被运用到"先发制人，得寸进尺"的策略中。但是，即使加入了幽默的手法，这种先发制人的策略还是很容易招致对方的抵触情绪，影响双方良好人际关系的建立和维护，使谈判陷于僵局。因此，有经验的谈判者往往还会采取以退为进的幽默策略。

在谈判中如果发生意见分歧，一时难以得到统一意见时，不要急于要求达

成协议，要善于忍耐。忍耐，也是一种以退为进的策略。谈判者可以在忍耐中学会放松，在轻松中产生幽默。

推销也是具有挑战性的谈判，如果你要说服对方购买你的产品，那么就要具备一定的谈判技巧。幽默可以说是每个推销员必备的素质。

日本的保险推销大师原一平就是其中的高手。在他上门推销保险的时候，经常会出现这样的对话："您好，我是明治保险的原一平。"

"啊！明治保险公司，你们的推销员昨天刚来过，我们不需要保险，他已经被我拒绝了。"

"是吗？我比昨天的同事英俊潇洒吧？"原一平一本正经地说。

"什么？昨天那个瘦瘦高高的，哈哈，比你好看多了。"

"矮个子没坏人，再说辣椒可是越小越辣！俗话说'人越矮，俏姑娘越爱'，这话可不是我发明的啊！"

"哈哈！你这个人挺有意思。"

就这样原一平成功地消除了和顾客之间的隔阂，生意也很快就做成了。由于他以幽默的推销技巧连年获得了全国最佳销售业绩奖，被尊为"推销之神"。

当你在向客户推销的时候，往往需要具有很强的忍耐力，可以忍受顾客的各种刁难和嘲讽。尤其是在进行上门推销的时候，要求你既能忍受对方不客气的语言，又可以在忍耐中展示出自己的幽默和风趣。

幽默是推销活动的助推器，它可以化解尴尬的气氛，又可以改善与顾客的关系。

郑强是一名雨衣的推销员，有一次在订货会上他向来宾们介绍自己的产品："本厂生产的雨衣经久耐用，样式新颖。"但是，大家都不愿意在此驻足，急得他穿上雨衣开始走起了模特步。

这个举动引得人们停下了脚步。由于这件雨衣被多次展出，也被试穿过多次，肩上已经出现了两个破洞。郑强也注意到了，微微一笑，向人们解释道："大家看见没有？像这种质量不好的雨衣，我们可以包退包换。"结果在这次推销会上，郑强签订了很多销售订单。

这些都是非常好的推销案例，这些案例的成功之处在于推销员都是在面对拒绝和不利的情况下，控制住了自己的情绪，用幽默巧妙应对。推销员在推销过程中都会遇到很多意想不到的问题，顾客的拒绝就是其中的一种，而利用幽默可以改变顾客的心理，顺利地将产品推销出去，这也正是忍耐中的幽默所具有的独特效果。

幽默沟通技巧

幽默不仅体现在"进攻"，也体现在"防守"中。一个真正幽默的人，即使处于不利的地位，在与对方产生隔阂和矛盾时，也会极具忍耐力，不会瞬间爆发，而是用幽默化解尴尬气氛，将销售活动推向有利于自己的境地。

幽默会促使营销成功，因而成为一种争取人心的手段和"软促销"策略。在营销的过程中，幽默能使双方精神愉悦，增大交流和对话的可能，从而使营销的效力得以发挥。一则幽默的广告更像是一个幽默的段子或者无厘头的影片，无意间将信息传递给消费者并占据消费者的心智，消费者也乐意接受并进行再传播。

营销是一项艰苦的工作，当要向陌生的对象推销自己的产品，或与难缠的对手讨价还价的时候，不妨来点儿幽默！

第十一章

营销"破冰"，幽默激活销售氛围

一、面对顾客，秀出你的幽默感

轻松、幽默的氛围更有利于成功地推销产品，原因很简单，幽默可以营造轻松的沟通氛围，而顾客在心情愉快时往往更容易接受产品。

如果你是一名推销员，那么每天必然要与许多陌生的客户打交道，你一定想知道"如何才能让一个陌生人接受你这个人，然后接纳你的产品"，其实最好的办法就是制造笑声。幽默的人总是善于营造一种轻松的氛围来拉近彼此之间的距离。

推销员史蒂芬在一次展览会上向大家推荐一种钢化玻璃杯。他首先介绍了这种钢化玻璃杯的最大特点就是强度高、不怕摔，即使扔到地上也不会打碎。很多人都对这种新产品表示出极大的兴趣。介绍完产品后，史蒂芬为了证实刚才说过的话，也为了能够吸引更多的顾客，他决定当场为大家演示一下。

真有这么结实吗？

只见他拿起一只玻璃杯猛地向地上一扔，可结果却大大出乎所有在场的人的预料，玻璃杯竟然被摔碎了，因为他碰巧拿到一只质量不合格的杯子。

这样的事情在整个推销玻璃杯的过程中从未发生过，史蒂芬不禁大吃一惊，顾客们也都感到惊讶。他们虽然都相信史蒂芬刚才所做的介绍是真的，可是眼前的事实确实使局面显得十分尴尬。

此时，如果史蒂芬惊慌失措，乱了阵脚，那结果就可想而知了，用不了3秒钟，所有的顾客就都会拂袖而去，交易也会因此而失败，史蒂芬前面所做的一切辛勤劳动也会全部付之东流，真可谓是前功尽弃。但是，史蒂芬立即控制住了自己的情堵，稳住阵脚，没有露出丝毫的惊慌，反而哈哈大笑。

然后，他沉着而又幽默地说："请大家放心，像这样的杯子我们是不会出售的。"顾客们也都大笑起来，气氛也立刻变得活跃起来了。紧接着，史蒂芬又连续扔出4个玻璃杯，都没有碎。顾客们相信了亲眼看到的事实，纷纷提出订货，史蒂芬本次的推销活动获得了圆满的成功。

这样幽默的随机应变能化解沉默和尴尬，让销售过程愉快而轻松。所以，在向还没有对自己的产品建立信任的新顾客推销产品时，不妨多说点儿幽默的话语，因为这样可以提高交易的成功率。

一对年轻夫妇在参观一个汽车展示会时，对一款汽车的价钱颇有微词。
"这几乎跟一辆大卡车的价钱差不多了。"太太抱怨道。

"当然，如果您喜欢大卡车的话，同样的价钱，我可以卖给您两台大型拖拉机。"

这位推销员面对顾客的抱怨，幽默且委婉地表明自己所推销的汽车是物有所值的，在令顾客莞尔一笑的同时，更容易得到顾客的认可。

有一天，原一平拜访一位客户。一开始他就自我介绍说："您好，我是明治保险公司的原一平。"

对方看了看他的名片，过了好一会儿，才慢吞吞地抬起头说："几天前曾来过某保险公司的业务员，他还没讲完，我就打发他走了。我是不会投保的，为了不浪费你的时间，我看你还是找其他人吧。"

"真谢谢您的关心，您听完后，如果不满意的话，我当场切腹。无论如何，请您给我点儿时间吧!"原一平一本正经地说。

对方听了这话，不禁哈哈大笑起来，说："你真的要切腹吗？"

"不错，就这样一刀刺下去……"原一平一边回答，还一边用手比画着。

"那你等着瞧吧，我非要你切腹不可。"那位客户说。

"是啊，我也害怕切腹，看来我非要用心地介绍不可了。"讲到这里，原一平的表情突然由"严肃"变为了"鬼脸"。

见此情景，客户开怀大笑，原一平也一起大笑了起来。至此，洽谈的气氛变得非常融洽，推销工作开展得也很顺利。

原一平本来面对的是非常沉闷的气氛，客户显然对他们的推销很排斥。但是他用一句幽默的话语，同时配上搞笑的动作逗笑了客户，打开了两人之间的心理防线，推销也因此变得愉快而顺利。

善于运用自己的幽默来营造良好的谈话气氛，是优秀的推销员必备的素质。只有在欢快平和的气氛中，才能培养出忠实的客户，顺利地推销出自己的产品。

二、冷场了，幽默来破冰

不管在怎样的环境中工作，我们每个人都免不了会碰到各种各样的矛盾，有的甚至是非常棘手的难题，需要妥善地处理。作为推销员，每天都会跟一些陌生人打交道，这些人形形色色，脾气性格各不相同，经常会遇到"吃闭门羹"的尴尬局面，这必然大大增加了工作的难度。

而作为一名优秀的推销员，他们的经验是：不轻松的问题也可以用轻松的方式来解决，想打开自己与客户之间的严肃之门，可以用幽默的钥匙来开启。

成交是销售过程中的临门一脚，它首先源自商品和服务，但在同样的情况下，成交的快慢或者成交与否很大程度上取决于销售员的说话艺术。幽默语言就是一种很好的促进成交的语言艺术。

王晶向一位老人推销放大镜，眼看就要成交了，但老人家忽然看到王晶手上有一块刺青，老人当即就说不要了。

王晶眼角瞄见老人看到自己有刺青才说不要购买的这一举动，灵机一动说："低价未必没有好货，就像我手上有刺青一样，有刺青的不一定是流氓，他可能是岳飞。"听王晶这么一说，老人竖起大拇指，连说："小伙子不错，我买了！"

作为客户来说，天生就对推销员有抵触情绪，如果在买卖或者销售的过程中被客户拒绝，就要学会用幽默来挽回客户，就像王晶看到客户的反应之后，及时开了个小玩笑，挽回了客户。

售员张桥的口才非常好，并且反应机敏，善于随机应变。

一次，他正在销售他那些"折不断"的绘图尺："看，这些绘图尺多么坚韧，不管你怎么用都不会折断。"为了证明他所说的话，张桥捏着一把绘图尺的两端使它弯曲起来。

突然"啪"的一声，原本完好的尺子顿时变成了两截塑料断片。机灵的张桥把它们高高地举了起来，对围观的人群大声说："请仔细看看吧。女士们，先生们，这就是绘图尺内部的样子，咱们拆开看看，瞧它的质地多好啊！"

幽默的人走到哪里就会将笑声带到哪里，如果我们是一个幽默的销售员，那么在整个交易过程中，将会给客户带来很多快乐，使客户倍感轻松。所以，在销售过程中，不妨在适当的时机来点儿小幽默，缓和与客户之间对立的气氛，更快地达到彼此合作的目的。

对付冷场中的尴尬，笑声和幽默是最好的润滑剂。大部分的人，都会对带着笑脸的人有一分莫名的好感，尽量让自己保持一张明朗的笑脸。如此下去，对方很可能被你"笑化"，答应你的请求。

> **幽默沟通技巧**
>
> 推销员在推销的过程中，总是会受到顾客的拒绝，甚至是恶语相向，陷入冷场的境地。这个时候不要就此放弃这个顾客，而是用你的笑声去化解刚才的尴尬，对方也会因为你的大度就此改观，对你的产品产生兴趣。

三、吸引顾客好奇心，"关子"就要这样卖

在人类所有行为动机中，好奇心是最有力的一种。对于推销员来说，唤起顾客好奇心无疑是最有效的销售方法之一，而引起好奇心的具体办法又是灵活多样的，"卖关子"就是其中的方法之一。

只要尽量做到神秘莫测又幽默风趣，得心应手且不留痕迹，基本上都可以达到目的。

一般来说，善于运用幽默诙谐语言的"卖关子"的推销员更容易签单，因为没有几个人能抗拒好奇心的诱惑，更不要说有购买欲望的顾客。

乔·格兰德尔："尊敬的先生，请您给我三分钟的时间，三分钟一过，如果您不让我继续讲下去，我保证马上离开。"

顾客："哦，那你说吧！"（第一次遇到这样的推销员，而且听乔·格兰德尔的口气如此坚定，感到很好奇，很想知道下文）

乔·格兰德尔："先生，您知道世界上什么最懒吗？"

顾客摇头，耸肩，表示猜不到，迟疑一下顾自说道："你的问题很有意思，让我感到很好奇。"

乔·格兰德尔："就是您存在银行不动的钱，其实它们是可以勤快起来的，比如可以帮助您购买空调，这样您就可以度过一个凉爽的夏天了，您说呢？"

乔·格兰德尔是美国非常成功的推销员，他曾被誉为"花招先生"，在跟顾客推销时，总是设计一些有趣的环节引起顾客的好奇心，让顾客安静地、饶有兴趣地听他讲话。这样既为他的推销制造了良好的环境，又使顾客对他的产品产生了兴趣。

在实际销售工作中，推销员可以首先唤起顾客的好奇心，引起顾客的注意和兴趣，然后道出商品的益处，并迅速转入面谈阶段。好奇心是人类所有行为动机中最有力的一种，唤起好奇心的具体办法灵活多样，使用时尽量做到得心应手，不留痕迹。

在一次贸易洽谈会上，卖方对一个正在观看公司产品说明的买方说："您想买什么呢？"

买方说："这里没什么可买的。"

卖方说："对呀，别人也这样说过。"

当买方正为此得意时，卖方又微笑着说："不过，他们后来都改变了看法。"

"哦？为什么呢？"买方好奇地问道。

于是，卖方开始进入正式推销阶段，公司的产品得以卖出。

在这个案例中，卖方在买方不想买时，没有直接向他介绍自己公司产品的情况，而是设置了一个疑问——"别人也说过没什么可买的，但后来都改变了看法。"从而引发了买方的好奇心。于是，卖方有了向其推销产品的机会。

为了接触并吸引顾客的注意，有时还可用一些大胆的陈述或强烈的问句来开头。

在推销过程中，有经验的推销员都能使用恰当的语言艺术创造一种轻松、愉快的场面。而当与顾客产生意见分歧时，恰当的语言艺术又能转移或搁置矛盾，化解或缩小分歧。同时，在阐述意见和要求时，合理的语言表达方式既能清楚地说明自己的观点，又不致引起对方的反感。

幽默沟通技巧

在推销员的实际工作中，可以先找个机会吸引顾客的好奇心，从而引起顾客的注意和兴趣，再给顾客介绍商品的特色，最后迅速进入正式的洽谈阶段。

四、遭遇突发状况怎么办——随机小幽默巧应对

突发情况随时都有可能发生，营销过程中也不例外。当遭遇突发情况，陷入尴尬境地甚至是困境时，如何"巧妙生还"想必是每一位营销者都迫切想知道的。其实只要你懂得即兴幽默，在遭遇突发尴尬时，随机来幽默一下，就会从困境中"脱险"。

有一位女推销员在市场上推销灭蟑螂剂，她滔滔不绝的介绍吸引了一大堆顾客。

突然有人向她提出一个问题："你敢保证这种灭蟑剂能把所有的蟑螂都杀死吗？"

这位推销员机智而又幽默地回答道："不敢，在你没打药的地方，蟑螂照样活得很好。"

这句玩笑话使人们愉快地接受了她的推销宣传，好几箱灭蟑剂很快就售完了。

发展顾客是每一位推销员工作的重心，在推销员和顾客沟通的过程中，推销员的口才对其最终能否推销成功起着关键性的作用。假如推销员能够随

机应变，幽默地处理好推销过程中出现的各种突发状况，那么也许就会因此而赢得一次成功的推销。

一位房地产推销员正在对他的顾客夸耀他的这栋住宅楼和这个居民区。

他说："这片居民区特别干净，物业也非常负责，小区里阳光明媚、空气清新，到处都是鲜花和绿草，疾病与死亡好像跟这里的居民无关似的。"

就在此时，远处走来一队送葬的人，他们哭声震天地从顾客面前经过。这位推销员立刻对顾客说："大家看，这位可怜的人——他是这里唯一的医生，没想到被活活饿死了。"

假如推销员对送葬队伍这件事没有一个合理的解释，恐怕顾客很难将其先前的吹捧当作一回事，还会对推销员的印象大打折扣，甚至对他介绍的房子也会产生怀疑。而推销员的幽默恰好打破了自己所面临的尴尬，并使双方的交易能够比较稳定地进行下去。

推销员对逛商场的家庭主妇说："女士，这是一种新型的牙刷，全自动的，你只需要插上电源，放入口中，完全不用动手。只不过价钱贵了一点儿，但用起来非常方便。"

经他这么一说，主妇有几分心动，只是觉得价钱太贵了。此时，推销员立刻取出另一把外形跟那把完全一样的牙刷，介绍道："这把也是自动的，它不仅价格便宜，而且不需要用电，只需将它用手拿着，伸进口中，不停地摆动头部就可以了。"

这位推销人员的手段可谓新颖出奇，借助一个搞笑的人为自动动作来衬托电动自动牙刷的价值所在，喜感十足。不难想象，心情愉悦的主妇自然会忽略价格因素，选择推销员提供的新型牙刷。

幽默沟通技巧

推销员在推销的时候如果愿意多花些心思，多想些幽默的奇思妙招，其巧妙的构思很容易在讨得顾客欢心的同时，顺利实现自己的销售目的。

五、想要推销更可信，幽默广告不可少

现在的促销手段五花八门、各式各样，而广告作为其中之一，也是日常生活中我们最常见到的，无论是电视上、报纸上还是网络上，广告宣传随处可见。

广告要的是效应，广而告之，是让更多的人都知道这种产品或者服务，知道的人越多，名气就越大。在形形色色的广告中，有大气磅礴的广告，有构思巧妙的广告，有简单、实在的广告，还有幽默、得体的广告。

轻松、愉悦是现代人认知信息的共同需求，幽默广告能以独特的表现形式吸引大众的注意力，降低大众对广告的逆反心理，促进人们对广告、产品和品牌形成良好的态度，从而充分发挥广告的效力，最终实现"曲径通幽"的促销目的。

关于可口可乐，有这样一则笑话：

一个牧师刚做完祷告，一个商人笑着向他走来说："啊，您好，您就要发大财了。"

"我？"牧师很惊诧。

"对。"商人悄悄地对着牧师耳朵说了些什么，然后又大声说道："您可以得到 100 万美元。"

牧师摇了摇头，商人又说："1 000 万美元。"

牧师又摇了摇头，商人咬咬牙说："10 亿美元。"

牧师还是没有答应。

信徒们急了问："您为何不答应，他说了什么？"

牧师耸耸肩说："他要我把'阿门'改成'可口可乐'。"

这则笑话虽然有点儿夸张，但从侧面反映了广告的重要性。

幽默广告是广告设计师运用幽默手法及特殊的情景创造出来的广告作品，它可以有效地缓解受众精神上的压抑和负面情绪，排除受众对广告所持有的逆反心理，使人们在一种轻松、快乐、谐趣的氛围中自然而然地接受广告传递的商业信息，完成对商品的注意、记忆、选择和决策的过程。下面是一则微商的广告：

总会碰到一些顾客说产品贵,遇到这样的顾客从来不过多解释,只说这么几句话:普通冰淇淋 3 元,哈根达斯 30 多元,为什么还有这么多人愿意吃哈根达斯呢?汽车有两三万元的,也有二三十万元,两三百万元的,为什么大家要努力赚钱买贵的呢?因为追求的是安全,是品质!好产品只给懂它的人,值得拥有它的人!

幽默的广告具有良好的劝说与督促功能,它能增强广告的说服力。由于隐藏了广告招人反感的直接功利印象,克服了消费者对广告的怀疑与抗拒的心理,使消费者在轻松、愉快的气氛中不知不觉地接受广告内容,按照广告的推荐义无反顾地掏腰包购买产品。

幽默沟通技巧

　　要想推销产品,离不开广告的辅助。一个形象、幽默的广告可以激发出顾客对产品的使用欲望,在不知不觉中产生购买欲望。

幽默能给恋爱生活增添更多的情趣，恋人之间的幽默调侃永远是一种迷人的诱惑，谁能抵挡住这种诱惑呢？如果你懂得在恋爱中运用幽默，将会在情场上春风得意!

不论单身的朋友还是热恋中的男女，都应重视幽默在恋爱中的作用，并适时地在谈情说爱中运用幽默。幽默是思维的产物，只要思维能够创新，再附以自己的想象力，就会产生幽默。想学到恋爱的必杀技吗？那就用你的幽默来"俘获"芳心吧！

第十二章

笑语攻心，幽默是恋爱的"必杀技"

一、巧妙搭讪，迈出交往第一步

很多男孩之所以单身并非是因为他们从没遇到过心仪的女孩，而是他们不懂谈恋爱的技巧，尤其是不知道如何与心仪的女孩搭讪。看着心爱的女孩被那些"坏男孩"抢走，只得感叹她们没有眼光。那么，真是如此吗？是女孩没有眼光，还是男孩不懂女孩的心呢？

自信的微笑，干净利索的着装，幽默风趣的谈吐，有内涵的言行，每一样都可以吸引女生。然而，幽默的谈吐更能增加你的魅力。富有幽默感的人更容易取得成功，巧妙的搭讪总能营造出温馨、惊喜的氛围，对方就会在不知不觉中对你产生好感，并芳心暗许。

我的一位朋友跟他的妻子就是通过一次搭讪从而共结连理的，当时他的妻子走在前面。

朋友追上去说："你好啊！"

妻子说："嗯，有什么事情吗？"（迟疑、迷惑，但态度还不算拒绝）

朋友说："哦，没事，就是想和你边走边聊会儿天。"（坦诚）

妻子说："为什么呀？"（好奇，还带点儿挑衅）

朋友说："这个……今天气温有点儿低，我觉得跟你说话我肯定会紧张，这样就不冷了。"（把搭讪的解释归结于对"己"，而不是对"她"，让对方很放松，反面教材就是"我觉得你如何如何"，这样就会直接把人吓跑。）

后来，两个人愉快地聊了很久。妻子走到公交站牌，朋友说："留个电话吧！"

妻子说："为什么呢？"（一般聊了这么久，女孩应该不会拒绝）

朋友说："因为我觉得你不像坏人啊！"（如果这时说自己不像坏人就老土了。）

妻子笑着说："不像坏人的多了啊！"

朋友说："哪里啊，现在社会多乱，你看周围，这个、这个、这个……看着都不像好人……"（无厘头）

妻子大笑，互留了电话。

幽默是一种智慧的表现，具有幽默感的人往往能够左右逢源，到哪都受欢迎。幽默能使严肃、紧张的气氛顿时变得轻松、活泼，也能让他人感受到你的温厚和善意，使你的观点变得容易让人接受。幽默的搭讪，也会让人更加容易接受。

大学的时候，我们班一个男生对同校的一个女生爱慕已久，可是始终不知道她的名字，也没有找到合适的机会搭讪与接触。

有一天，他看见女孩独自进了一家牛肉面馆，便毫不迟疑地在后面跟着进去了。他紧张地向那个女生搭讪："经常在学校见到你，请问你叫什么名字啊？"

女生很疑惑地抬起头看着他，说："我叫意大利面啊！"很明显，女生并不想报上真名，但是男生并没有气馁，他红着脸"噢"了一声，然后说："那么，我也给自己起个面名吧，叫加州牛肉面好了。"

女生冷漠的脸上马上露出灿烂的笑容。后来，这位高傲的"意大利面"女士真的嫁给了"加州牛肉面"先生。

见识到了吧？这就是幽默的神奇效果。幽默是生活的元素，更是交际的调料。身为男士，在谈吐中仪态自然优雅、机智诙谐，给人带去的总是欢乐；作为女性，不仅要上得厅堂，还要下得厨房，煲好一锅幽默的汤。见了心动的她（他），如何轻松迈出你的第一步？请巧妙搭讪吧！

幽默沟通技巧

在苦苦等待多年后，理想的另一半就在眼前，可是如何去接近呢？既不想惊吓了意中人，又不想就此错过，这个时候幽默搭讪是最牢靠的战壕了，进可攻退可守。

二、表白要出新，才能更动心

到了向心仪对象表白的时候了，该怎么办？你在百般犹豫之下终于鼓起勇气，下定决心向她（他）表白，可是话到嘴边又紧张万分，硬生生地把话咽了回去，或者吞吞吐吐，一向口齿伶俐的你此时变成了结巴……这种情况在你身上有没有发生过？

其实，在表白的时候，大可不必过度紧张，只要放松心态，做好"持久战"的心理准备，再多花点儿心思，用你的幽默去"说服"对方，一定会成功的。如果你的语言毫无新意，不能让对方当场感动的话，也许很难达到预想的效果。

林丹和谢杏芳可以被称为羽坛"神雕侠侣"了，是众所周知的金童玉女组合。当初他们一同被选入国家队，随着频繁的接触，林丹对谢杏芳渐渐产生了情愫。

于是，他对谢杏芳展开"三陪"战略——陪练、陪聊、陪逛街。在经过长时间的接触以后，林丹认为机会成熟，决定单刀直入猎取"芳"心。

他给谢杏芳发了一条幽默短信："阿芳，咱俩身高都是1米78，看来很般配，这是不是上苍圈定的缘分呀？"这句半透明的求爱表白让谢杏芳的心砰砰乱跳。这时，林丹又发来短信："我虽然没有六尺高，但会对你好。"于是，林丹就抱得美人归了。

所以，要想赢得对方的"芳心"，必须要设计一个特殊、幽默的表白，才能给对方留下深刻的印象，因为幽默、温馨的话语是最容易打动芳心的。

我上大学时有一对情侣非常让人羡慕，男孩的表白方式一直被津津乐道。当时两个人互有好感，可是谁都没有捅破这层窗户纸。

男孩觉得自己应该主动一点儿，于是给这个女孩写了一封信，上面写着："亲爱的，做我女朋友吧，我数到三，你不反对就是答应了，1……2……3……好，那你同意了啊！"

其实在表达爱意的时候并不一定要很直接，有时用一些有趣的方法间接地表达出来，反而能够触人心弦。营造出别致的气氛，用点儿心思，不管是含蓄也好，轰轰烈烈也好，只要生动的表达绝对会有加倍的效果。不仅如此，多年之后彼此回想起来，也会别有一番趣味。

巧妙而幽默的示爱方式对于那些性格内向的人来说，无疑是一根感情的试探棒，能够含蓄地向对方袒露自己的爱意，舒缓了自己紧张的情绪，同时也为自己的感情营造了浪漫而温馨的氛围。

这里所说的幽默并非是一些低级趣味的笑话，也不是故作夸张的表演，而是运用一个人的智慧与情趣来恰如其分地表达自己的真情实感。当你用幽默的元素来经营自己的爱情生活时，你会发现两个人的感情世界充满了惊喜和浪漫。

> **幽默沟通技巧**
>
> 一段恋情的开始都需要一个巧妙的表白，在向心仪的对象表白时，一定要学会多用点儿心思，假如你的语言没有新意，不能让对方当场感动的话，也许就很难达到预想的效果了。

三、让幽默的情话催化你们的爱情

两情相悦，两情相依，彼此不可以独活的感情，很多人都希望拥有。恋爱除了付诸行动，还得靠嘴谈出来，有好的口才是恋爱成功的保证。恋爱是甜美的，假如可以用甜言蜜语为恋爱增加一点儿幸福，那就再好也不过了。在恋爱的美妙时光里，要注意自己说话的技巧，用幽默催化你们的爱情，让爱情变得更加浪漫、甜美。

爱情是心与心的吸引，是情与感的碰撞，爱情是生命中最为温暖的一缕阳光。茫茫人海中，不经意的回眸，或者不小心的擦肩而过，或许都会引起缘分的萌动。这份缘分需要两人的精心呵护，也需要两人的用心经营，用幽默催化，会让这份缘分别具韵味。

甄子丹在一次聚会中认识了妻子汪诗诗。汪诗诗比甄子丹小 19 岁，在经过接触以后，汪诗诗发现甄子丹并不是银幕上的冷酷形象，很随意，很幽默，甄子丹也发现汪诗诗说话轻言细语，气质高贵大方。

后来，甄子丹萌发了与汪诗诗结婚的念头。在一次出游的时候，甄子丹下跪向汪诗诗求婚，汪诗诗调皮地说："你凭什么向我求婚啊？"

甄子丹笑着说："凭着真诚，真诚，还有真诚。"汪诗诗接着说："不是每个真诚的人最后都能抱得美人归啊！"

甄子丹说："真诚的人很多，长我这样的不多啊！"一句幽默妙语逗得汪诗诗哈哈大笑，她答应了甄子丹的求婚。

幽默可以给平淡的生活增添乐趣和笑声，调剂夫妻双方的爱情。幽默是高超的生活艺术，爱人之间需要这种幽默的艺术。无论什么情况下，一对善于用幽默来调剂生活的情侣或夫妻，他们获得的幸福比任何人都多。

有一对恋人正处在热恋阶段，他们在公园里约会。女孩问："我问你，在你跟我谈恋爱之前，有谁曾经摸过你的头、揉过你的发、捏过你的面颊？"

男孩想了一下，说："啊，这太多了，昨天，就有一个……"

女孩愕然，急忙地问："谁？"

男孩一本正经地说："理发师。"

这个男孩的幽默之处就在于把"还有什么女孩跟你亲热"的概念转移到"理发师"身上，听到这席话，相信女友会转怒为喜吧。在恋爱的时候，男性总是想方设法用甜言蜜语对女性发起攻势，大部分女性会束手无策，这个时候要是利用幽默的口才成为自己的武器，就会为自身的可爱与机智加分。

良好的幽默素养有利于感情的表达和交流，有利于帮助人们更好地掌握爱情的"火候"。如果我们能充分发挥幽默的作用，我们的爱情世界将会妙趣横生。无论是在情感进展顺利时的甜言蜜语，还是在磕磕碰碰时开出的玩笑，幽默总能增添情感世界里的乐趣，化干戈为玉帛。

幽默总是无处不在，情人间偶尔来点儿小幽默，不仅可以加深彼此之间的感情，还能让二人世界更加五彩斑斓。

王超跟女友说："认识你是我这一生最大的幸福，你简直是我黑夜中的电灯泡……"

女友把王超推开，说："去，你给我离远点儿。"

"你这是干吗呢？"王超有点儿摸不着头脑。

女友："既然我是电灯泡，那你当心触电。"

一句"当心触电"，在打趣的同时，更有一种撒娇的意味。谈恋爱的时候，偶尔来点儿幽默就像是变魔术一样，总是那么出其不意。散发着机智的甜言蜜语，令你在恋人面前充满了无限的魅力。

幽默给恋爱生活增添了更多的情趣，恋人之间的幽默调侃永远是一种迷人的诱惑，谁能抵挡住这种诱惑呢？如果你懂得在恋爱中运用幽默，将会有情人终成眷属。

幽默的口才能够使人收获一份真挚的爱情，而拙劣的语言表达会断送一份难得的爱情。爱情需要幽默的调节，拥有幽默的人是聪明的，被幽默浇灌的爱情是亮丽而美好的。

> **幽默沟通技巧**
>
> 想要获得心仪对象的好感，并且进一步转化为爱情，除了要有一颗真心以外，还需要机智和幽默的表达。如果没有幽默的参与，爱情之树就不能迅速地茁壮成长。

四、想要距离再近一点儿，暗示就要这样说

"风流不在谈锋胜，袖手无言味最长。"天空不会一直晴朗，语言表达也不能总是简单直白。暗示是交际的艺术，如朦胧的月色，像雾里看花，是语言含蓄的浓缩，也是一种心灵的默契。当然，暗示也要借助于表达的技巧。

恋人之间同样需要暗示，有时幽默的暗示比直接表达更有效果。

一个小伙子性格比较内向，虽然很想跟女朋友亲近，但就是缺乏勇气做实质性的尝试。他的女友虽然喜欢他的诚实，但是为此也很着急。

一天晚上，小伙子和女友在花园里约会，女友突然想到了一个鼓励他亲近自己的办法，她对坐在身旁的男友说："听人说，男人手臂的长度刚好等于女子的腰围，你相信吗？"

小伙子迟疑片刻，立刻拉着女友站了起来，然后搂住了心上人的柳腰，

温柔地说："来，我给你比比看。"

女孩顿时心花怒放。

女孩主动说出了男友一直不敢提的要求，聪明、幽默地表达了想跟男友"亲近"的想法，避免让自己陷入尴尬，又暗示了男友，鼓励了男友，这样的女孩怎能不让她的男朋友喜欢呢？

男友悄悄从后面蒙住了女孩的眼睛，说："给你三次机会，猜猜我是谁，猜不中的话我就要吻你了。"

女孩俏皮地说："你是张飞？武松？还是猪八戒啊？算了，都不对，算你赢了。"

谁都能听得出，女孩故意说错这一串人名，是在幽默地暗示男友"吻我吧"，估计男友心里也已经乐开了花。

现实生活中，大部分女孩都是羞涩而拘谨的。因此，当男友打算表达亲近需要的时候，要格外注意暗示的幽默技巧，委婉地征得女友的同意。

如果你不知道其中的暗示，可能会失去即将来临的爱情，至少会失去一次表达爱意的机会。

张亮跟女友交往了一段时间，却一直没有进一步的发展。这一天，张亮为女友捧上了一束鲜花，女友看见了非常高兴，激动地抱着他就吻，谁知张亮却挣脱向外跑。

女友不解地问："有什么事啊！"他兴奋地说："再去拿些花来。"

张亮幽默地将鲜花数量跟吻的数量联系在了一起，制造出了一种令人忍俊不禁的幽默效果，同时也将自己的爱意暗自传递了出去，女友自然会感受到他的浪漫，心甘情愿地再次献上热吻。

在微妙的恋爱关系里，每一个细微的动作，每一句话语，都会受到微妙的心理支配。所以你一定要仔细观察，读懂恋人给你的暗示。

幽默沟通技巧

在恋爱时，每一个微妙的动作，每一句话，都会荡起对方心理上的一丝涟漪。如果你能够有技巧地掌握和运用这些因素，就可以明白幽默情话的深意，跟自己的恋人进一步加深感情。

五、爱有阴晴，幽默轻松化解

男女初次接触时，都是花前月下，甜甜蜜蜜的，双方看到的都是对方的优点。然而爱情也有阴晴圆缺，天长日久，恋爱双方开始对对方有所抱怨，甚至出现争吵与冷战。这个时候，我们就应该学习运用幽默化解这些不愉快。

在一次派对上，大家玩得都非常尽兴，李环对王良说："听说你女友是个'河东狮'啊？"

王良为了面子只得跟朋友吹嘘："哪里，她见了我像见了老虎一样！"

谁知这话刚好被女友听到了，大骂道："混账，你说谁是老虎？"

王良念头一转，幽默地说："我是老虎，你是武松呀！"

女友被逗笑了，气也消了。

王良巧妙地运用了"武松打虎"的典故，急中生智，用幽默化解了一场"危机"，安抚了愤怒中的女友。面对"野蛮女友"，你不妨也试试这一招。在明确自己做错事的情况下，以幽默的方式跟你的恋人一起笑，笑你犯下的错误。

苏晓非常没有时间观念，每次跟男友约会都会迟到半个小时。

第一次，她进行了自我责备："我迟到，我有罪，我罪该万死！"

第二次，她还是有理由："我的表是按北京金秋时间，比夏令时慢了半小时呀！"

总之，每次她都可以为自己找到理由，让男友对她又爱又恨。不过，天底下有哪个女孩跟男友约会不迟到几次呢？因此，男友也就一笑了之了。

苏晓用自己的幽默解释了自己的过失，也得到了男友的原谅。在恋爱中犯错误都是难以避免的，用简短的幽默可以省去一大段解释，也可以避免对方没完没了的埋怨。

一对情侣在大街上吵了起来，女友一气之下甩了男友一个耳光。男友为了保住面子，说："你有本事再甩我一耳光！"

女友毫不犹豫再次甩了他一耳光。男友顿了顿，说："既然你这么听话，我就饶了你。"

女友听到这话后扑哧笑了。

幽默是恋爱与生活的调节剂，它能使爱情之火燃烧得更旺。在双方陷入争吵后，适当地用幽默来调解，可以防止双方的矛盾升级。

如果用幽默来代替粗鲁无礼的语言，解决日常生活中的分歧，那么你的婚姻生活就会永远处于最佳状态。

李倩跟丈夫常常为了一点儿小事就争吵，吵完以后又觉得自己也有错，但不愿意向对方认错。

有一次，李倩决定做出点儿让步，她对丈夫说："我们讲和吧，我先承认自己错了，然后你再说我是对的，好吗？"

丈夫想了想，答应了。

妻子看着丈夫，将信将疑地小声说："我错了。"

丈夫满面笑容地大声说："你说得太对了！"

通过幽默的用词，诙谐的逻辑，让李倩夫妻之间的矛盾得以化解。当两个人发生争执时，最好采用幽默的方式来达到取悦对方的目的，这样对方的怨气会立刻消散，矛盾自然就会化解。

幽默沟通技巧

恋人之间总是避免不了磕磕碰碰，如果恋人之间闹矛盾或者一方有过失时，可以适当地加入幽默这种润滑剂，不仅可以避免进一步的摩擦，还有助于增进双方的感情。

六、幽默说"No"，让对方走下被拒后的台阶

每个人都有自己理想中的伴侣，如果追求者是你不喜欢的类型，当然不能勉为其难，但最好也不要直接拒绝，更不能中伤他人，因为每个人都有爱与被爱的权利。如果你能够委婉、幽默地回绝他人，不仅可以保全他人的面

子，同时也能显出你善解人意的良好修养。如果你恶言恶语地直接拒绝，最后只能不欢而散。

年轻的男女在一起，本来就免不了暗生情愫，要有一方先行求爱，假如两厢相悦，那自然是皆大欢喜；而在恋爱伊始，假如不爱对方，最好想办法巧妙地拒绝，尽量不要让对方下不来台，给对方留些情面。

对于不合心意的求爱者，当然要推辞，但推辞的语言要恰当，要委婉、幽默，既要将自己的意思表达清楚，让对方没有心存幻想的余地，又不能让对方觉得你不近人情。

有一个小伙子当众向一位姑娘表达倾慕之心。

姑娘问道："你真的爱我吗？"

小伙子："是的，我敢对天发誓……"

姑娘："那你用什么证明呢？"

小伙子："用这颗赤诚的心。"

姑娘委婉地说："对不起，你是唯'心'主义者，我可是唯'物'主义者啊！"

小伙子嘴里说的"赤诚的心"，和唯心主义中的"心"没有任何关系，可聪明的姑娘在这里把它们硬给联系到一起，使人感到诙谐幽默之余，也将拒绝的意思传递给了对方。有些人会采用幽默的语言来求爱，也应该会用幽默的语言来拒绝，这样既能达到目的，又不伤和气。

护士刘静长得漂亮人又机灵，大家都很喜欢她。这天下班，办公室年轻的医生马涛对她说："刘静，一起去吃饭好吗？我有一件非常重要的事想跟你说。"

刘静马上就明白了"重要"的含义。于是，她笑着说："好啊！我也刚好有事情要请你帮忙呢！"

马涛一听高兴极了，满脸笑容地说："行，只要是帮你的忙，困难也在所不辞！"

刘静接着说："可没那么严重，不过是我男朋友脸上长了几颗青春痘，不需要动刀，我只是想问你怎么治疗效果更好一些。"

在拒绝别人时，若采用幽默、含蓄的拒绝方法，一般情况下都很有效，能够使对方不损颜面地知难而退，再见面时也不会过于尴尬，尤其是经常见面的同事比较适用。

被拒绝的一方免不了会有受伤的感觉，如果拒绝的一方能够主动安慰一下，那就再好不过了。在拒绝别人示爱后，不妨这样说："你不必过于伤心，我会永远欣赏你的好眼光。"

以一种赞许的姿态来回应别人的爱慕，不仅是一种有良好教养的表现，也是一种十分得体的处理方法。拒绝别人要运用好幽默的权杖，不要让对方感到难堪，并能够很好地表达自己的意思。

> **幽默沟通技巧**
>
> 爱情中有两情相悦，也有一厢情愿，面对求爱者的真情流露，如果我们必须要拒绝，也要理解求爱者的心意，尊重对方的感情。因为爱情没有对错，我们应该适当借幽默给求爱者继续追求爱的勇气。

七、把握尺度，以亲密度定幽默度

与人交谈时，适度、得体地开个玩笑，幽默一下，可以使周围的人轻松自在、简单而适当地沟通，可以创造积极的气氛，这也是具有幽默感的人受人欢迎的原因之一。

恋人之间也有距离，如果毫无顾忌地开玩笑，把握不好幽默的尺度，可能会造成不必要的麻烦。在与女士交谈时，尤其是与自己心爱的女孩子在一起交谈的时候，幽默话语应该要有礼有节，这样才能给对方留下好的印象。不能为了幽默而开一些低级趣味的玩笑，这样容易给别人造成品位低俗的印象。

王晶跟男友约会时又迟到了半个小时。当她赶到的时候，男友正在焦急地东张西望。王晶不好意思地招了一下手，然后走过去解释说："对不起，我又来晚了。不过，这次是有原因的，我的手表没电了。"

男友笑了笑，说："看来你应该换一块手表了，不然的话，下次约会我可能要换一个人了。"

假如这个时候两人的关系已经确定，到了无话不谈的地步，这样幽默一下可能有不错的效果。但是，如果双方还很生疏，那么最好不要这么说话，否则对方不仅不会考虑"换手表"，反而会考虑直接换一个男朋友。

男士若要博得女士的好感，在交谈中一定要对她们的心理有一定的了解。男女有别，一定要保持应有的距离，而不能把男人圈里的东西随便搬过来，否则女士或许会因为某些不恰当的话题而被男士幽默、机智的回答搞得很尴尬。

幽默沟通技巧

幽默是需要掌握尺度的，恋人之间的幽默也是同样的道理。在双方关系不是特别亲密时，说一些比较露骨的笑话就会引起对方的反感，甚至影响接下来的交往。

恋爱可以浪漫，结婚可以唯美，但是维持和睦的家庭生活是需要智慧的。这种智慧可以是大智若愚，可以是张弛有度，当然也可以是随口而来的幽默。

生活中夫妻双方常常因为家庭琐事而争吵，为教育孩子不得其法而苦恼。在柴米油盐酱醋茶的平凡生活中，如果没有幽默的参与，将会是家庭生活中可怕的"冷暴力"，让人感受不到家庭的温暖。

第十三章

幽默为家庭减压，让幸福生活做加法

一、幽默以对，"妻管严"的生活智慧

男人被称作"妻管严"，这其中的滋味确实不好受，尤其在外人面前更是觉得尴尬。可是，"宰相肚里能撑船"，对老婆做出适当的让步，也是一种幽默的表现，不仅不失男子汉的气概，反而显得自己既豁达又风趣。

俗话说"好男不跟女斗"，大丈夫应该能屈能伸，懂得用幽默给家庭带来快乐。就像甄子丹在演《叶问》的时候说过的那句台词一样："世上没有怕老婆的男人，只有尊重老婆的男人。"

武清是一个十分"惧内"的模范丈夫。一天，几个朋友相约到他家一探究竟。

刚刚进屋，就听见他的妻子对他数落不停，话语就像是正在扫射的机关枪一样。他对朋友们自嘲道："听习惯了，就跟听音乐差不多。"听到他这句话，朋友们和他的妻子都忍不住笑了。

在大家闲聊的时候，武清妻子盯着武清的脑袋说："听说男人秃顶是因为用脑过度，是真的吗？"武清诙谐地说："是的，你知道女人为什么不长胡子吗？"妻子不解地摇摇头，武清故作正经地说："那是因为女人一张嘴喋喋不休，下颚超负荷运动！"一句话逗得妻子笑着去追打武清。

通过这件小事，我们可以看出武清对妻子浓浓的爱意，也看到了机智的丈夫对妻子做出的诙谐幽默的反击。虽然名义上是武清怕妻子，但其实他在生活中表现的是处处体恤、包容妻子，这种气度彰显了大丈夫的男儿本色，不愧是丈夫中的"楷模"。

其实这就是家庭的幽默，体会这种幽默需要理解与智慧，不能简单地将武清的"惧内"归结为怕老婆，这恰恰体现了一个丈夫对妻子发自内心的爱。

生活中，无论是"妻管严"还是"夫管严"，都要明确双方共同目的是为了维护家庭的和谐和幸福。只是在这个过程中，不要忽视幽默在家庭生活中的作用，适当地开一个小玩笑，必然会引得妻子或者丈夫喜上眉梢，为平淡的生活注入新鲜的活力。

> **幽默沟通技巧**
>
> "英雄难过美人关"，自古以来就是如此。大丈夫就应该能屈能伸，在妻子面前就算低一下头又何妨，巧用幽默给家庭带来欢乐，逗得妻子开怀一笑，夫妻和谐才能拥有幸福的家庭生活。

二、幽默魔法，扶起翻倒的"醋坛子"

爱情中离不开醋意，有了醋意会增进双方的感情，但如果醋味十足，只增不减，也会影响感情的稳固和发展。所以，在做好爱情这道美味的菜肴时，千万不要忘了添加幽默这味中和剂。

爱情是自私的，不希望与他人分享。作为夫妻，彼此都希望爱人在感情上专注于自己，但是任何人都难免会与外人打交道，吃对方的醋也是人之常情，但是吃醋也要有个度，若是达到了敏感、猜疑、神经质的地步，就会影响双方的感情。

妻子吃醋不见得是一件坏事，有时候老婆打翻了醋坛子，向老公表现自己的嫉妒，也能给婚姻生活增添不少色彩。这个时候老公不妨想一些有趣的方式扶好妻子的"醋坛子"。

新婚不久的夫妇在街上手牵手走着，突然迎面走过来一位时尚漂亮的女孩，老公或许只是下意识地多瞟了那女孩两眼，结果被老婆发现，老婆的脸色顿时变得难看起来，质问道："整天就知道看美女，也不怕把眼睛看歪了！"

老公看到老婆生气了，幽默地解释道："老婆不要生气啊，我可不是在看美女，我是在帮你打探今年的时尚流行风。看看你今年穿什么衣服更漂亮。"

尽管老婆还在生气，但是听着老公这么幽默的解释，就不再追究了。

在婚姻的世界里，两个人难免出现吃醋与生气的时候。这个时候不要当作什么都没有发生，也不要一味地放纵对方，要将自己的意见幽默地向对方表达。双方的沟通对爱情的甜蜜与幸福有着重要的意义。

因此，幽默不仅可以用来中和对方的醋意，也可以用来表达自己的醋意。如果一方醋意萌生，却又坐视不管，只会加重自己的苦闷与烦恼，所以聪明的人总是能够运用幽默的智慧周旋于吃醋与被吃醋之间。

幽默沟通技巧

"醋意"是爱情的调料，有助于增进夫妻之间的感情，而调节醋意最好的办法就是加入幽默这味中和剂。机智、幽默的言语就会让爱人的脸由阴转晴。

三、唠叨也动听，给不满穿上幽默的外衣

丈夫对妻子爱唠叨的现象有一个幽默的定义——"舌头黑"，这个比喻令人莞尔。有这样一个笑话："我的太太上周在海边度假，你猜结果怎么样？""怎么样？""我太太的舌头给晒黑了！"听起来尽管有些夸张，但唠叨一词的确常被用来形容女性。

唠叨被世界各地的男人列为最讨厌的事情之首，具有跨文化的一致性。但是从心理学的角度看，大多数女人的唠叨都是在表达爱，爱有多深，唠叨就有多久。

当女性面临压力时，会通过向丈夫唠叨发泄内心的郁闷，借以缓解内心的焦虑。所以，当你的妻子在向你唠叨时，即使你有所不满也不要表现得不屑一顾，甚至置之不理，更不要心生怨恨，你完全可以通过幽默的方法缓解妻子这种"症状"，一则让妻子的压力得以发泄，再则可以完美结束这种唠叨。

赵先生有一个爱唠叨的妻子。一天，赵先生下班后帮助朋友办了件事，回家比平常晚了一个小时。

刚一进门，他就撞上了老婆没完没了的唠叨："这年头男人都不愿意回家，多少家庭就这样被搞得妻离子散。老公你可不能对我不管不顾，我可是死心

塌地地跟着你，真心爱你的。我每天煎炒烹炸为了啥，还不是为了讨你欢心吗……"

满脸疲惫的赵先生听得心烦意乱，但他没有正面解释，而是诡秘一笑，说："你还真给说对了，还真有这么一个人拉我上他们家一趟。"

妻子一听就傻了，忙走过来气势汹汹地问："是谁？今天你要说不清楚，我就和你没完！"

赵先生哈哈大笑："就是那个小孙，他让我帮他搬家具。亲爱的，你让我感到自豪啊！你看你，都快成联合国秘书长了，为那么多大事操心。"

听赵先生如此说，妻子不好意思地笑了，赶紧躲进厨房里面去了。

当女性的内心想要获得配偶的认可时，她们会倾向于用唠叨来表达。研究发现：爱唠叨的女性多是一些孤独的、事业不顺的、觉得自己不被人爱的、不被人赞赏的妈妈或者妻子，因此男性的忽视才是女性唠叨的根源。

女人借助于唠叨向家人表达自己内心的不满，希望家人更多地重视她所做的贡献，或者有更多的机会改善自己的处境。因此，要想减少或者消除女性的唠叨，男性就需要认真倾听，对女人的日常工作给予足够的赞赏，满足她们内心的情感需求。

隔壁的小唐娶了一个非常爱唠叨的老婆，小唐每天都快被她烦死了。一天晚上，小唐正准备睡觉，小唐的老婆突然用力地推了推他说："你怎么不看看煤气、门窗、热水器都关好了没有，就睡觉了？"

小唐幽默地说道："放心吧，老婆，除了你的话匣子，该关的都关了！"

一般情形下，妻子的唠叨并非含有恶意，相反，唠叨表示她们爱护家庭，体贴丈夫。但对于男人而言，唠叨是一种间接的、无休止的、否定性的提醒。他们常常把唠叨解读为抱怨，内心极度反感。

因此，女人也应尽量去克制自己唠叨的行为，给男人一个清静的空间。男人要对女人的唠叨要多一些宽容，要看到女人唠叨背后的情感需求，多一些理解和关爱，弥补她们心理上的空虚和寂寞，就可以有效消除唠叨的困扰。

想让你的妻子不再唠叨，告诉她"我烦你"是没有用的，只有培养对方的幽默感才是正确方法。对于唠叨的另一半，可以通过提高对方的幽默感来实现有效的沟通，这样就能为家庭的幸福做好铺垫。

四、笑一笑，用幽默熄灭家庭"战火"

德国作家布拉克说："幽默是生活波涛中的救生圈。"幽默可以润滑人际关系，消除紧张，减轻人际压力，使生活更有乐趣；幽默可以把我们从个人小天地里拉出来，使我们可以打开视野，寻得益友。

幽默能帮助我们摆脱窘迫和困境，增强信心，让我们在人生的道路上知难而进。除此之外，幽默还能帮助熄灭家庭中的"战火"。

俗话说："谁家的烟囱都冒烟。"即使再恩爱的夫妻，也难免发生争吵。一般的口角吵过之后也就完了，但是如果争吵起来不加以控制就可能激化矛盾，引发意想不到的结果。如果在争吵的时候掌握一点儿幽默技巧，很快就会为战火降温。

丈夫陪妻子逛商场买衣服，从早上逛到晚上也没有买到合适的衣服。因为无论妻子试穿哪一件衣服，丈夫总显出一副心不在焉的样子附和着说："好看。"

疲惫不堪的妻子很生气，质问道："不想陪我买衣服就明说，你这个人怎么能这么随随便便呢？"

丈夫看到妻子发火了，赶忙补救说："当初我也是这么随随便便就把你选中了，可是你对我却是经过精挑细选的啊！"

妻子听到这句话，一下子笑出声来，怨气也一下子消了一大半。

丈夫巧妙地把自己的"随随便便"说成是妻子"精挑细选"的结果，不仅指出了挑中自己对妻子来说是件不容易的事情，也将妻子没有买到合适的衣服归因于"精挑细选"，幽默地转移了"战火"。

我的邻居张睿是个酒徒，每天都要在外面喝得大醉。有一天他又喝得很晚才回家，而且没有带钥匙，没有办法，他只好敲门。

他的妻子怒气冲冲地打开门，对他说："对不起，我丈夫不在家。"

"那好，我明天再过来。"张睿说完，转身装作要离开的样子，见丈夫如此幽默，张睿的妻子只得化怒为笑。

只是通过一个小小的幽默，丈夫就引出了妻子内心深处对自己的爱和尊重。这个时候夫妻之间也不会再去计较喝酒的事了，而是去享受两人之间的甜蜜夜晚。丈夫用幽默的调侃，委婉、迂回地回避了妻子的问题，这也是丈夫化解妻子怒气的秘诀。

如果在夫妻双方争吵到一定程度的时候，一方能投之以幽默，另一方也会还之以幽默，这样才能够将矛盾化解，让争吵平息。

露西在下班回家的路上遇到了一个许久未见的闺密，两人相谈甚欢。露西临时决定与闺密一同去吃饭，想好好叙叙旧。一直持续到了午夜，露西才心满意足地回家。进了家门她才发现，老公准备了满满一桌丰盛的饭菜，等着和她一同庆祝两人的结婚纪念日。

在这样一个重要的日子还回来得那么晚，老公自然怒不可遏。一番争吵没有避免，谁都认为自己有理，一时之间闹成了僵局。

露西突然觉得这样只会让夫妻关系变得恶化，而对已经发生的事情来说毫无意义。于是，她率先做出了让步，小声说道："对不起，因为我觉得跟你相处的每一天都是快乐的，以至于把今天的结婚纪念日给忘了。"

听到妻子说出了这种话，丈夫满腔怒火顿时烟消云散，一把将露西搂进怀里说："亲爱的，我做得也不对，不该冲你发火。一场剑拔弩张的家庭纷争就这样化解了。

一个聪明的妻子，懂得如何解决夫妻间的矛盾，在夫妻之间争一口气并不会获得什么利益，女强人的形象应该表现在工作中而不是在家庭里。妻子小小的幽默，对于老公来说要远比连篇累牍的大道理更具有力量。幽默是一味调料，能把家里的气氛调出别样的情调，给予家庭生活与众不同的滋味。

在婚姻生活中，可以运用幽默的语言、行动和态度来对待婚姻生活中的另一半，它会使你的家庭远离无休止的争吵和沉闷压抑的冷战，减少生活中的猜忌，给婚姻增添几许幽默，夫妻关系自然就会和谐融洽。

五、亲子沟通，请幽默来助阵

"我不是大明星，我是小公主""爷爷，你在家里好好啊""我在发奖励，谁把我拍得好我就给谁"等，你有没有被《爸爸去哪儿》节目中萌娃的表现逗得捧腹大笑？有没有被萌娃口中说出的"惊世骇俗"的语言搞得目瞪口呆？这些萌娃为什么那么招人喜爱？其实，你的宝贝也可以像他们一样可爱。

中国传统的家庭教育大都严肃多于宽容，从一些俗话便可见一斑，如"三天不打，上房揭瓦""棍棒底下出孝子"等。在这种教育思想影响下，家长与孩子的关系往往弄得非常对立，殊不知最好的家庭教育应该是带着幽默的沟通。

孩子是爱情的结晶，是家庭中最具活力的成员，孩子有纯真的心灵，本身就能给父母带来无尽的欢乐，在和孩子的沟通中要注意培养幽默感，使孩子养成乐观开朗的性格和与人为善的品质。

周天是一名中学生，在学校的成绩非常优秀，每次考试都是班里前三名。可是这次考试只考了第五名，他非常沮丧地跟爸爸说："去年我还让你感到自豪，这次我要让你失望了。"

爸爸笑着说："哪个孩子不希望成为爸爸的骄傲啊，假如你一直做第一，他们的爸爸可怎么办呀？"

无论是哪一种教育方式，都离不开生活理念的灌输。在教育孩子时，我

们如果做到了"寓教于乐"，那么再顽皮、再固执的孩子也会变得懂事，教育也就变得轻松起来了。

父母经常用幽默的语言和孩子沟通，可以营造一种轻松愉快、自由自在的家庭氛围，减少孩子对父母的抗拒与逆反，让父母成为孩子非常合拍的玩伴，并潜移默化地影响孩子的性格。

对一个孩子来说，从认为父母无所不知、无所不能，到他们懂得用幽默的方式跟父母交流，这是一个可喜的变化，说明他们已经成长了。当然，这也是父母精心培育的结果。

错过妻子生日的丈夫小心翼翼地溜进孩子的房间，晃了晃手里的糖果，对孩子说："宝贝儿，告诉爸爸，晚上妈妈过生日时都说我什么啦？"

"你要我把不好的字眼都省略掉吗？"

"是的。"

"好，妈妈没有说任何话。"

爸爸微笑着抱了抱可爱的儿子，满满的幸福荡漾在脸上。此时，幽默的语言就成了父母和子女之间共有的美妙回忆。

幽默不仅仅是一种教育手段，实际上它所传递的是一种乐观的精神，一种"明天会更好"的信念。父母风趣幽默的沟通能够激发出孩子活泼的天性，会在他们的心灵中留下不灭的印迹，使他们在愉快的环境中学习、成长。

> **幽默沟通技巧**
>
> 在这个世界上，人们会拒绝痛苦、拒绝忧伤，但是不会有人拒绝欢笑。幽默是父母与孩子之间非常有效的沟通方式。幽默并不是专属于成人，父母和孩子之间的沟通也可以妙趣横生。

六、引导孩子，激将可以幽默一点儿

每个人都有欲望，孩子也不例外。欲望的强弱，是决定孩子行动积极与否的最大因素。在对孩子的引导中竭尽全力满足其欲望，是提高成功可能性的方法之一。对于孩子的引导，利用其对欲望的追求，能更快地引导孩子走上正确的路。

父母在教育孩子的时候要讲究一定的技巧，如果只是一味地给孩子灌输自己的思想，不仅达不到教育孩子的目的，还会事与愿违。所以，在这个过程中不妨运用一些小幽默，这样既对孩子的智力发育有帮助，又可以在无形中刺激孩子的思维和语言能力。在这方面，苏联的著名诗人米哈伊尔·斯威特洛夫就是一位个中高手。

米哈伊尔的小儿子舒拉非常调皮。一次，他为了吸引家人对他的关注，居然喝了半瓶的墨水。这个时候家里人都急坏了，墨水进了小孩的肚子，那可怎么办呢？米哈伊尔的母亲赶忙给医院打急救电话。

这个时候，米哈伊尔从外面回来了。当看到这种状况时，他并没有慌张，而是平静地问儿子："你真的喝了墨水？"舒拉一脸得意地把沾满墨水的舌头伸出来，还做了一个鬼脸。

这个时候米哈伊尔到屋里拿出了一叠吸墨纸，对儿子说："这是吸墨纸，为了不让墨水留在肚子里，你把它们嚼碎了吃下去吧。"一下子，舒拉就成了霜打的茄子——蔫了，再也得意不起来了。

于是，一场风波就在家人的嬉笑声中结束了。从那以后，舒拉再也没有做过这类傻事了。

因为米哈伊尔心里清楚，墨水并不至于让舒拉中毒，所以他就正好利用这次机会教育一下儿子。米哈伊尔幽默的教育方式不仅让儿子认识到了自己的错误，还让他长了记性，不再做类似的傻事，实在高明。

父母对孩子既不能过于溺爱，又不可以过于强硬。在教育孩子的过程中，家长应多使用一些幽默的方式，因为这样不仅可以让孩子在愉快中学到东西，还能让孩子养成活泼开朗的性格，给家庭生活增添更多的乐趣。即使是家长运用激将的方法对待孩子也要讲究技巧，加入一点儿幽默，效果会更好。

幽默沟通技巧

虽然说"良药苦口利于病"，但并不是所有的良药都苦口，在教育孩子的时候运用幽默，就是一剂不苦口反而会让孩子爽口的良药。

七、给责备添点儿乐趣，孩子才爱听

古语曰："数子十过，不如奖子一长。"跟孩子讲道理，应充分肯定孩子的长处，在此基础上再对孩子的过错予以纠正，这样孩子就容易接受。如果家长一味地数落孩子，只会让孩子产生自卑心理和逆反心理，恰到好处的赞美比一味地批评和指责更有利于孩子的健康成长。如果给责备添点儿幽默效果，结果会更加让你满意。

我国著名经济学家茅于轼说过："我们每个人都会生儿育女，但是大多数人未必都会教育儿童。教育儿童是一门大学问，每个父母都应该学习，学不学大不一样。懂得儿童教育的方法，同样的努力效果就好得多。方法不对头甚至可能适得其反。"

妈妈第一次参加家长会，幼儿园的老师说："你的儿子有多动症，在板凳上连三分钟都坐不了，你最好带他去医院看一看。"

回家的路上，儿子问她老师都说了些什么。她鼻子一酸，差点儿流下眼泪来。因为全班 30 名小朋友，唯有他表现最差，唯有对他，老师表现出不屑。然而，她还是告诉了她的儿子："老师表扬了你，说宝宝原来在板凳上坐不了一分钟。现在能坐三分钟了。其他的妈妈都非常羡慕妈妈，因为全班只有宝宝进步了。"那天晚上，她儿子破天荒地吃了两碗米饭，并且没有让她喂。

儿子上上小学了。家长会上，老师说："全班 50 名同学，这次数学考试你儿子排在第 49 名。我们怀疑他智力有些障碍，您最好能带他去医院查一查。"

回去的路上，她流下了眼泪。然而，当她回到家里，却对坐在桌前的儿子说："老师对你充满信心。他说了，你并不是个笨孩子，只要能细心些，会超过你的同桌的，这次你的同桌排在第 21 名。"

说这话时，她发现儿子暗淡的眼神一下子充满了光，沮丧的脸也一下子舒展开来。她甚至发现，儿子听话得让她吃惊，好像长大了许多。第二天上学，去得比平时都要早。

孩子上了初中，又一次家长会。她坐在儿子的座位上，等着老师点她儿子的名字，因为每次家长会，她儿子的名字一直在差生的行列。然而，这次却出乎她的预料，直到结束都没有听到，她有些不习惯。临别去问老师，老师告诉她："按你儿子现在的成绩，考重点高中有点儿危险。"

她怀着喜悦的心情走出校门，此时发现儿子在等她。路上她扶着儿子肩膀，心里有一种说不出的甜蜜，她告诉儿子："班主任对你非常满意，他说了，只要你努力，很有希望考上重点高中。"

高中毕业了，在第一批大学录取通知书下达的日子，学校打电话让她儿子到学校去一趟。她有一种预感，她儿子被清华大学录取了，因为在报考时她跟儿子说过，她相信他能被这所学校录取。她儿子从学校回来，把一封印有清华大学招生办公室的特快专递交到她的手里，突然转身跑到自己房间里大哭起来，边哭边说："妈妈，我一直都知道我不是个聪明的孩子，是您……"

这时她悲喜交加，再也按捺不住十几年来积聚在心中的泪水，任它掉落在手中的信封上。

和谐的亲子关系能够让孩子在一个充满爱的环境中成长。在这种轻松愉悦的氛围之下长大的孩子身心舒展，拥有健全的人格，对生活充满热情，潜力无限，前途一片光明。

每个人都爱听好话，喜欢受到表扬。美国著名心理学家威廉·詹姆斯研究发现："人类本性最深刻的需求就是受到赞美。"孩子更是如此，因为孩子好奇心强但自信心不足，他们对自己的每一点小小的进步都非常在乎，渴望得到大人的肯定，所以恰当而不失风趣的赞美往往能够帮助孩子更好地成长，而不是苛责和批评。

需要注意的是，在对孩子赞美的过程中，不要表现出应付的态度，要让孩子看到你由衷的微笑，同时对孩子说话的时候，要尽量让他们感受到你的幽默与风趣，这对孩子的成长会有很重要的影响，因为你幽默的语言将会帮助他们尽早地拥有幽默感。

幽默沟通技巧

孩子其实是一个很敏感的个体，父母的言语对他们可以产生非常重大的影响。一句责备就会让孩子幼小的心灵受到创伤，但如果在责备的时候加上幽默的色彩，孩子就会感受到父母的期望，从而振奋起来。

八、幽默地诱导孩子，这些话一定不要说

父母是孩子的第一位老师，父母的言行无时无刻不在潜移默化地影响着孩子。祸从口出，相信这个道理大家都知道，如果对孩子说一些不该说的话，势必不利于孩子的健康成长。因此，父母在与孩子交谈时，甚至是有孩子在的场合，应注意自己的措辞。

幽默的语言会加深孩子对幽默说话形式的印象，有利于培养孩子的幽默感和口才，这样的语言也更利于被孩子接受。如果说一些低俗、伤人的话，甚至是粗话，对孩子的成长是极为不利的。不要觉得孩子还小，什么都不懂，就口无遮拦，父母的"恶言相向"很容易给孩子的心理蒙上阴影。

语言的力量很神奇，一个人也许会因为一句话而积极一生，也可能会因为一句话而失去自信。在教育孩子时，幽默沟通当然很好，有些话对他有帮助，但有些话一定不要说。

1. 贬低损伤

有些父母性格急躁，恨铁不成钢，当孩子做错事情或者表现得不够优秀时，动辄就挖苦打骂孩子，孩子身心定会受到创伤。讽刺无疑会把孩子的自尊心破坏殆尽。

2. 命令口吻

有些父母爱耍威风，在孩子面前也不例外，说话也往往是在下命令。这样长时间处在命令中的孩子，思想长期被禁锢，往往就会变得迟钝，缺乏创造力。

3. 欺骗吓唬

有些父母言行不一，平时即是如此，在对待孩子时也毫不收敛，经常说一些欺骗性的话，比如："孩子，听妈妈的话，好好吃饭，明天带你去摘天上的星星。"类似的话说多了，却无法落实，久而久之孩子就再也不信了。这种话造成的影响，比不说还要坏。

今年8岁的京京最近痴迷上了电脑游戏，天天都是冲冲杀杀的，爸爸对此非常担心。

一天，爸爸带着京京去商店，京京看上了一只新式的玩具步枪，缠着爸爸要买，可家里的武器玩具已经堆成小山了。爸爸对京京说："儿子，你最近的'军费'开支太大了。现在是'和平'时期，咱们裁减点儿'军费'怎么样？"京京"扑哧"一声笑了，从那以后，他很少要求爸爸买武器玩具了。

幽默是为了给孩子营造一种轻松的沟通氛围，为了让孩子愉快地接受自己的批评与见解。如果把幽默用错了地方，只是用幽默来吓唬孩子，那么幽默就失去了它本身的教育意义。京京的爸爸正确地运用了幽默的力量，而不是像某些父母一样不是大声训斥孩子就是答应孩子以后买，都会对孩子的心理造成不良影响。

4．责怪埋怨

当孩子犯错误之后，他会感到很无助，会后悔当初没听从父母的话。这时父母最好不要对孩子加以埋怨，否则孩子会产生逆反的心理，开始辩解，这样不利于孩子的健康成长。

幽默沟通技巧

孩子总会不小心犯下错误，如果这时父母只是生硬地批评和指责，孩子不是会叛逆就是会产生自卑的情绪。所以父母在教育孩子的时候，不要使用过激的言语，可以尝试幽默的诱导，让孩子自己认识到错误，这比指责和埋怨都要有效。

培养幽默感是人生最大的健康保险，保持幽默的心态，我们会拥有乐观的心态，远离抑郁。

　　在我们遇到不顺心的事或难以对付的人时，不妨笑一笑，来点儿幽默。不要把挫折看得太严重，也不要自寻烦恼，对人生百态，即便是无聊可笑的事，也应以从容、宽厚的态度来看待，这便是幽默的表现。

第十四章

远离抑郁，幽默的心态很重要

一、幽默，是健康的一剂良药

幽默可以消除我们在生活中的紧张与焦虑、减轻工作的压力、润滑人际关系，可以帮助我们摆脱窘迫和困境，增强信心，从而促进人的健康，所以说幽默是健康的"催化剂"。

幽默是健康生活的艺术，生活中的幽默无处不在、无时不有，问题在于你如何捕捉和寻找。英国作家萧伯纳有个精辟的比喻："幽默像马车上的弹簧，没有它，人生路上的每一块小石子都会让你颠簸得难受。"

幽默是一种高级的谈话艺术，一个成熟的人懂得在适当的场合使用恰如其分的幽默，把尴尬的场面成功化解，使冲突在风趣中得到缓和。

孙健从一位好朋友那里购买了一个新电表，可是装好之后才发现电表有问题，转得太快，这让孙健很是烦恼。他去找朋友解决这个问题的时候，恰好朋友去新疆出差了，要一周左右才能回来，没有办法，孙健只能耐心等着。等到朋友回来了，孙健立即把他带到了自己家里。

（气泡）自从换了新电表，这电表怎么跳得这么快？

"出差回来了，新疆远不远啊？"

"远啊，走了好多天呢。"

"怎么去的，路费花了多少钱啊？"

"火车啊！花了300多元钱呢！"

"嗨！早知道你花那么多钱，我这儿有个宝贝让你坐上多好啊！"

"什么宝贝？是你的？"

"是啊，你看你坐火车，又受罪。好几天才能走 300 元钱，我这个可快多了，一天就走了300元钱。"

说完孙健就把朋友带到电表前："我以后要想去哪儿，绝对不用坐火车了。你送来的这个电表跑得快着呢！"

在生活中，我们很多人可能都会遇到孙健这样的烦恼，但是大部分人选择了错误的表达方式，使问题越来越复杂。不仅没有解决问题，还又增添了烦恼，尝试一下孙健的幽默，不失为一种好的方式。

幽默是一剂健康的"良药"，幽默总是和笑连在一起的，笑不仅仅使人心情舒畅、精神振奋，而且能消除忧虑、稳定情绪。生理学家通过研究发现，笑可以使大脑分泌出一种快活物质——脑啡肽，该物质能使人产生愉悦感，调节神经功能，增大肺活量，促进血液循环，改善心肺功能，加快全身代谢。

幽默还能激活处于抑制状态的脑细胞，扩张血管，有效地改善大脑的供血供氧功能，增强脑细胞的活力。因此，幽默常被应用到医疗实践中，例如，国外有些医生常要求患抑郁症的病人多看幽默小说和滑稽戏，每天进行一次"笑疗"。

笑既是良好情绪的反应，也是心理健康的表现。古人有训："寿向乐中求。"能笑者健康，能乐者长寿。

曾经在《星期六评论》杂志担任编辑的美国作家卡森斯，由于多年的日夜操劳，患上了一种很严重的病——结核体系并发症，造成了身体虚弱，行动不便。虽然寻访了很多医生，但收效甚微，不少专家断定该病为不治之症。

后来，他听从了一位朋友的建议，在接受必要的药物治疗的同时，采用一种奇特的幽默疗法。他离开了毫无生气的医院，住进了一个充满了欢声笑语的地方，然后经常观看一些幽默风趣的喜剧片，平时就跟朋友们幽默地对话，使自己每天生活在一种轻松的氛围中。

卡森斯有个奇怪的发现，一部10分钟的喜剧片可以让他拥有两小时的无痛苦睡眠，另外让他惊喜的是，笑可以减轻发炎的疼痛感，而且这种"疗效"可以保持很长时间，再加上适当的营养疗法，只是几个月的时间，卡森斯的病症居然消失了。

卡森斯正是以笑来激发对生活的渴望、生存的意志、康复的能力，进而增强了自身的免疫力，战胜了病痛，可以说笑能促进身体健康。所罗门有句名言："心中常有喜乐，恰如身体常保健康。"这些事例告诉我们，幽默有助于健康长寿。

幽默来自良好的心态和乐观的个性，一个具有幽默感的人在与别人的交往过程中更容易获得对方的信任和喜爱。德国作家布拉尔说:"使人发笑的,是滑稽;使人想一想才发笑的,是幽默。"

一个具有幽默感的人能从自己不顺心的境遇中发现某些"戏剧性因素",从而使自己达到心理平衡。难怪有的科学家把幽默生动地比喻为强壮体魄、调节情绪的身心解毒剂,和最忠实、最省钱的贴身保健医生。

> **幽默沟通技巧**
>
> 　　幽默是一剂神奇的良药,它对人的身心健康大有益处,几乎不存在任何副作用。当你的身体健康出现问题时,幽默可以帮你减轻痛苦,扫清你生病时的烦闷心情。

二、自找乐子,幽默存在于每个角落

幽默是一种笑面人生的生活态度。懂得幽默的人,不会因为别人的冒失而抱怨,不会被自己曲折的人生所吓倒。世界在他们的眼中永远是丰富多彩的,充满了希望与美好。

人们常说"生活不是缺少美,而是缺少发现美的眼睛"。其实懂得幽默的人就长了一双发现美的眼睛,在他们的眼里,幽默无处不在。而他们的幽默不仅给自己的生活带来轻松,也给别人的生活增添了乐趣。

王飞所在的公司最近销售额不是很好,已经有大半年没有发工资了。中午休息的时候,王飞在办公室感慨地说道:"现在的日子真是不好过啊,压力大,恨不得可以把一元钱掰成两半花。"

旁边的同事邵刚听了,一本正经地对王飞说:"哥们儿,别费那劲了,我试过,根本掰不动。"一句话让整个部门的同事都哈哈大笑。

仅仅是一句幽默,就可以让压抑的气氛瞬间变得轻松起来。试想,假如邵刚也跟王飞一样感叹薪资的压力,只会让全部门的同事都一起郁闷,这样对解决薪资的问题毫无帮助,还会增加同事们心中的郁闷情绪。千万不要让压力变成阻力,如果希望自己的工作更加有效率、更加轻松,可以试试用幽默疗法来减压。

有一次，我跟同事到公司附近的包子铺吃早点，吃的是素包子。结账的时候发现包子居然涨价了。于是，就问老板："老板，你这儿的包子怎么涨价了啊？"

老板说："因为肉价涨了啊！"

我跟同事面面相觑，说："肉涨价了，关素包子什么事呢？"

老板笑着说："因为做包子的大师傅要吃肉啊！"

听完，我们三人哈哈大笑起来。

试想，如果包子铺的老板只是简单地回答包子的原料，比如面、油、菜涨价了，或许还会惹得顾客不满，不停地抱怨以后包子都吃不起了，可是，老板幽默地调侃了一下包子涨价的原因。顾客在哈哈一笑之后，也就不会再关心包子涨价的真正原因了。

有位处在热恋中的男人，有一次很认真地问他的女友："你愿意和我私奔吗？"

女友斩钉截铁地说："当然愿意！"

这个男人感动得差点儿流下眼泪，女友接着说："去丽江还是三亚？赶紧在那买房、买车，办妥了你来接我！"

这对情侣是不是很会用幽默来调节自己的生活呢？其实只要你有一颗幽默的心，生活中处处都存在着欢乐。

幽默沟通技巧

幽默可以让我们感到轻松和愉快，这有助于提高大脑以及整个神经系统的活力，充分发挥个人潜力。如果你拥有这种心态就会发现，在琐碎繁杂的生活中也会充满情趣。

三、内心有笑意，幽默感就会悄然而生

有的人乐观豁达，整天嘻嘻哈哈，仿佛每天都会遇到快乐的事情；有些人忧愁烦恼，经常杞人忧天，不是担心这个就是忧虑那个，好像和幽默无关。不少人会问，幽默感是怎样来的呢？其实很简单，只要心中有笑意，幽默感就会悄然而生。

笑口常开的人往往心胸坦荡、积极乐观，因为他们的内心永远保持笑意，对生活永远都保持着乐观向上的态度，这样的人无论遇到什么事情，都能幽默面对。

文迪公司的老总是个老外，复活节那天，公司组织了一个 party。在大家兴高采烈地等待着火鸡上桌时，文迪大叫一声："鸡来啦！"

然后，他模仿着杂耍艺人的动作，托着一只大火鸡，摇摇摆摆地走了进来。可没想到，就在这个紧要关头文迪不小心一个趔趄，火鸡"啪"一声掉在了地上，所有人都面面相觑。

文迪愣了一下，立即不慌不忙地捡起火鸡，微笑着说："别紧张，我这就把这个家伙抓起来放回厨房去，换一只乖一点儿的来。"顿时，尴尬的气氛就被笑声打破了。

当时在场的人可能就会想：这么一个活人，端只火鸡都能掉到地上，这是一个多么愚蠢的失误啊！可是，随着文迪的灵活应变，把问题归咎于火鸡的"不乖"，从而化解了场上尴尬的气氛。

所以，只要内心充满了幽默，生活的任何"事故"都可以运用幽默来化解。只要能把众人逗笑，你所犯的错误也会因此变得可爱。

一天夜里，一个小偷溜进了法国大作家巴尔扎克的房间，正准备去撬开写字台的锁。由于动静太大，睡在床上的巴尔扎克从睡梦中被惊醒，见此情景竟然放声大笑起来。

"你笑什么？"小偷惊慌失措地问。

"我的好伙计，"巴尔扎克忍住笑回答

道，"我笑的是，在我白天都找不到一枚硬币的抽屉里，你居然想在黑夜里从里面找出钱来。"

小偷自讨没趣，转身就要走。巴尔扎克笑着说："请你顺手把门关好。"

小偷说："你家徒四壁，关门干什么啊？"

巴尔扎克幽默地说："它不是用来防盗，而是用来挡风的。"

巴尔扎克虽然一生中经历了许多坎坷和挫折，但他一直有着乐观的心态，对生活一直保持着积极向上。他经常苦中作乐，曾一度为了面包、蜡烛和纸张而发愁，但从来没有对生活失去希望，内心一直对生活充满着美好的愿望，让自己笑对人生困境。

在央视《对手》特别节目《创业——我们的故事》的录制现场，阿里巴巴集团董事局主席马云讲述了自己的创业故事，并与在座的创业者分享了自己对创业的很多看法。马云认为，创业者一定是乐观主义者，悲观的人是不可能创业成功的，时代属于坦荡乐观的一代人。

只要内心有希望，幽默感就会悄然而至，乐观也会不请自来。人这一生，无论际遇如何，都要与快乐为伴。一旦你获得了这种幽默感，幽默感就会与你不离不弃，陪伴一生，让你变得幽默开朗、讨人喜欢。

幽默沟通技巧

一个笑口常开、笑语不断的人，一般也会是一个心胸坦荡、积极乐观的人，因为他们的内心充满了欢乐和希望，始终都可以保持积极、乐观的生活态度。要相信，只要内心有笑意，幽默自然就会流露出来。

四、压力大了，幽默的心态还你一身轻松

日常生活不能避免压力。无论是学习、工作，还是生活，都会给我们带来压力，这些压力使我们感到心情沉重，有碍身心健康。那么，是让这些压力一直压抑着我们，还是一一化解，其实全由我们自己决定。

如果放任这些压力存在，时间久了，一定会影响正常的工作和生活，还会对我们身体的健康造成影响。当然，能缓解这些压力自然是好，但怎样才能缓解呢？

实际上，缓解压力很简单，只要善于运用一点儿幽默，掌握一些技巧就能轻松应对。适当使用幽默可以自娱娱人，增添生活的情趣，增进人际关系，我们也可以用风趣来化解冲突，缓和焦虑，纾解压力。

汪涵因为流鼻血而被欧弟爆照，照片中的汪涵坐在沙发上休息，鼻头通红，脸色蜡黄，嘴唇惨白，但血迹已经擦干。据说由于工作的压力，汪涵很早就通过媒体表达工作压力大，希望能退居幕后好好修养的愿望。

在《天天向上》的录制现场，和汪涵是老熟人的伍洲彤一上台就和哥几个侃得不亦乐乎。他透露，曾经一次在节目上无意说出想休息，汪涵开始自嘲："唉，要是我说想休息一下，观众来信肯定都是一句话——'你早该歇着了!'"田源接茬打趣道："大哥你要是歇了，我们几个都得歇!"

不管是明星还是普通人，都会面临各种各样的压力，就看我们用什么样的心态去面对了，就像在汪涵的工作中存在压力，但是他还是会用幽默的方式来打趣，兄弟们在一起的日子就是快乐的日子。

每个人的幽默风格各有不同，例如有的人诙谐风趣，有的人喜爱说笑，有的人自我调侃，有的人玩弄文字，有的人故作玄虚，有的人嘲弄他人，更有的人扮演丑角。然而，在这些不同的幽默风格当中，却都具有创意性与趣味性。

张颖是一名中学老师，最近整个办公室的同事们都在为了职称考试而备战。只要走进办公室就能感觉到一种紧张的气氛，让人觉得特别压抑，却无法缓解。

有一天中午到用餐的时间了，张颖看着大家还沉浸在忙碌中，调侃道："同伴们，虽然说'书中自有黄金屋，书中自有颜如玉'，可是午饭不在书里吧?"

听张颖这么一说，同事们都哈哈大笑，一位同事说："就是，再这样下去咱们真成书呆子了，听张颖的，都吃饭去。"于是，同事们都欢声笑语地去餐厅吃饭了。

张颖的这种幽默不仅调节了自己的情绪，还愉悦了其他同事，缓解了大家长久以来紧绷的神经。

无论压力来自哪里，在无法避免的情况下，不要自怨自艾，幽默一下，将压力转化为动力。聪明的人通常能将压力化解于无形，而愚笨的人则只能终日饱受压力的困扰。对多数人来说，成为智者并不容易，那我们就努力做一个聪明的人吧！在生活中多用幽默调节情绪，让自己轻松、快乐地度过每一天。

幽默沟通技巧

你要相信在自己的心里活跃着无数个幽默因子，它们也在渴望着充满乐趣的生活。或许在不经意间，一个笑话就会让你我的生活发生改变，一个幽默的故事就可以将长久以来的烦恼化解于无形，引领我们进入一片豁然开朗的新天地。

五、幽默心态，打碎悲观的外壳

想要幽默，就不要悲观，悲观和幽默毫不沾边。悲观的人总从相对最坏的水果吃起，因为总想从坏的开始，最后享受好的；或者说害怕开始美滋滋，最后难挨的境遇。

每天生活在压抑中，忧愁、烦恼挥之不去。若想摆脱这种状况，就要打碎悲观的外壳，让幽默、乐观的阳光照耀其内心。想要幸福、快乐，就要学会幽默、乐观，就必须先摆脱悲观的情绪。

两个青年到一家公司求职，经理把第一位求职者叫到办公室，问道："你觉得你原来的公司怎么样？"

求职者面色阴郁地答道："唉，那里糟透了。同事们尔虞我诈、钩心斗角，部门经理粗野蛮横，以势压人，整个公司死气沉沉，生活在那里令人感到十分压抑，所以我想换个理想的地方。"

"我们这里恐怕不是你理想的乐土。"经理说，于是这个年轻人满面愁容地走了出去。

第二个求职者也被问到这个问题，他答道："我们那儿挺好，同事们待人热情，乐于互助，经理们平易近人，关心下属，整个公司气氛融洽，工作得十分愉快。如果不是想发挥我的特长，我真不想离开那儿。"

"你被录取了。"经理笑吟吟地说。

一味抱怨的悲观者，看到的总是灰暗的一面，即便到了春天的花园里，他看到的也只是折断的残枝，墙角的垃圾；而乐观者看到的却是姹紫嫣红的鲜花，飞舞的蝴蝶，他的眼里到处都是春天。

有一对性格迥异的双胞胎，哥哥是彻头彻尾的悲观主义者，弟弟则像个天生的乐天派。在他们 8 岁那年的圣诞节前夕，家里人希望改变他们极端的性格，于是为他们准备了不同的礼物：给哥哥的礼物是一辆崭新的自行车，给弟弟的礼物则是满满的一盒马粪。

拆礼物的时候到了，所有人都等着看他们的反应。

哥哥先拆开他那个巨大的盒子，竟然哭了起来："你们知道我不会骑自行车，而且外面还下着这么大的雪！"正当父母手忙脚乱地希望哄他高兴的时候，弟弟好奇地打开了属于他的那个盒子，房间里顿时充满了一股马粪的味道。出乎所有人的意料，弟弟欢呼了一声，然后就兴致勃勃地东张西望起来："快告诉我，你们把马藏在哪儿了？"

我们在认识问题的时候，一定不能盲目地悲观、失望，应该以一种积极向上的态度去看待生活中的人和事，否则就会陷入悲观和失败的深渊。

乐观者和悲观者之间的差距就是，在同样的危难面前，乐观者眼中除了看到危难还会看到机会，而悲观者的眼中看到的仅仅是危难。

幽默沟通技巧

乐观和悲观仅是一字之差，却会带来两种不同的生活际遇。所以要想快乐地工作与生活，就要放弃悲观的思想，凡事多想好的方面，让自己充满正能量，久而久之也就拥有了幽默的心态。

六、幽默与人共享，才能放大价值

在生活中，我们离不开分享的快乐。当我们去参加朋友的婚礼时，带给他们真诚的祝福，一起分享喜悦之情。当我们去一个美丽的地方旅行时，拍下漂亮的照片，和大家一起欣赏美景，也是一种享受。当我们得知一件商品非常便宜又实用时，和身边的朋友一起分享，大家也会其乐融融。这些都是值得我们去回味、去享受的。

分享是一种快乐，分享是一种幸福。生活需要伴侣，快乐和痛苦都要有人分享、分担。没有分享的人生，无论面对的是快乐还是痛苦，都是一种遗憾。

很多人都知道崔永元是一个喜欢自嘲的人，正是他的这种自嘲带给人们很多的欢乐。崔永元自述道，当时中央电视台办了个新节目叫《东方时空》，朋友找到崔永元问有没有长得比较丑的人可以推荐给他们做主持人。崔永元就推荐了白岩松，因为他心里有个"小九九"：白岩松这样的人都能行，那我不就更行了吗？没想到白岩松就火了。

两年以后，朋友再次找到崔永元问能不能再推荐一个像白岩松那样的人，崔永元说："哎呀，没啦，要选只有我了。"

崔永元就是一个既幽默，还能把欢乐带给别人的人。这也是他受到观众喜爱的原因，因为幽默就是需要分享的。

懂得分享，我们既可以让自己快乐，也能满足别人的快乐。只有分享了喜悦，才会让世界的欢乐加倍，才会让所有人知道快乐是可以加倍的。有了幽默才会快乐，有了快乐才会让世界充满爱。

幽默如果能够分享，快乐就会加倍，就会放大它的价值；痛苦如果能够分担，苦楚就会减少，就会降低它的危害。分享是互利的，分享是双赢的，做聪明的人，让我们一起学会分享。

> **幽默沟通技巧**
>
> 幽默和快乐是值得分享的东西，如果只是自己沉浸在快乐中，那么这种感觉就会很快消失。当你觉得幸福和快乐的时候，通过幽默的方式让他人也来享受你的快乐，这种快乐才能持久。

七、面对挫折与失意，幽默一嘲解千愁

人生在世总是不可避免地遇到困难和挫折，在失意的时候你不妨幽默一笑，瞬间就可以把你的痛苦减轻许多。要以正确的人生观来面对穷困、失意或烦恼的处境，你也会因此变得自信，这一切都将有利于你获得成功。

我的邻居大妈在饭店点好了菜，可是等了好久也不见有人把饭菜端上来。老人自我安慰不要着急，可是等了大约半个小时，还是没有任何动静。老人终于忍不住了，对服务员说："请给我拿一张纸和一支笔来。"

服务员迟疑了一下，问道："您要纸和笔干什么呢？"

老人非常严肃地说道："今天我是无法吃到我点的菜了，既然如此，我想立下遗嘱，把它留给我的继承人享用。"

服务员连忙说："对不起，我马上再去催催。"

老人用非常幽默的方式指出了服务员工作的不足，既提醒了服务员，又会让服务员觉得很内疚。试想，如果老人大吵大闹，不仅会自己生气，也会令服务员感到难堪。与其大吵大闹地破坏了自己的好心情，还不如和和气气地说话达到自己的目的。

在工作中，我们同样也会体验到成功的快乐和失败的酸楚，晋职的喜悦和加薪的愉快，有时也会出现人际关系的不协调，上级或同事的不相容。如果可以利用幽默，就有助于我们工作的开展。

赵强被公司调到了外地的分公司，负责人事变动的经理安慰他说："你也不要太气馁，我们早晚会再把你调回来的。"赵强用第三者的口吻毫不在乎地说："哪里？我才不会气馁呢！我只不过觉得像董事长退休时的心情而已。"

赵强的表现就是一个能在精神上做深呼吸的人。面对外调，他不气馁，懂得用幽默来调节自己的情绪，从而使自己能以良好的心态投入到工作当中去。在面对工作中的挫折和困难时，除了要调整好自己的心态，还要懂得运用幽默与人分享欢乐。寻找一个共同的目标来帮助我们在工作中取得他人的支持，从而摆脱工作的困境。

无论你从事的是什么行业，不论你是生手还是熟手，也不论你是老板还是下属，幽默都能够促进你与他人的沟通和交往，调侃一下自己的缺点和优点。

张力在 26 岁的时候接管了自己的家族企业，以前公司亏损非常严重，他上台后进行了大力的改革，扭亏为盈。虽然决策中也有很多小失误，但最终还是取得了很大的成绩。

有人问他如果从头来过会是什么样子，他说："我觉得不会有什么非同寻常的作为，人都是在错误和失败中成功的。因此，如果从头来过的话，我只能犯一些不同的错误。"

张力在回答的时候故意避开问话者的语言重点，闭口不谈自己的成绩，反而拿自己工作中的失误当作谈论的重点，给人以谦虚、低调的感觉。

大多数人都认为"谦虚是一种美德"，但并不是说凡事都要过于谦让，不与人争。在靠着自己的努力和才能取得工作业绩的时候，我们一方面要强调那只是"幸运"或归功于"大家的帮忙"，另一方面也要用委婉的方式表明自己的努力也是取得成功的关键。

幽默沟通技巧

在生活和工作中，幽默都是你直面困难和挫折的有力武器。在失意的时候不妨幽默一下，你可能就会发现失意的境遇在慢慢转变成得意的境遇。

八、幽默的人不要为小事较真

在生活中，有些人事事都较真，非要显示出自己的能力，但这种态度未免太过于偏激了。对待生活，就应该迎接他的本来面目，何必要强加自己的意愿呢？你认为最好的，有时候不一定就是最合适的。因此，有时要学会揣着明白装糊涂。

对待生活中的某些事情睁一只眼闭一只眼，多给彼此一些理解，会让彼此相处得更和谐。有缺陷不一定不好，谁也没必要一定做到最好。追求完美是某些人的性格使然，但是世界上没有完美却要事事追求完美，无疑是在给自己、给他人平添许多烦恼。事事较真，结果可能不尽如人意，倒不如放轻松来得自在。

喜欢较真的人往往以为自己是出于公心，没有什么不对，甚至自以为有理地坚持，但有时事情并非如此，最后很可能落得个一厢情愿的下场。生活中，有些事情是无法较真的。那些想得开的人，不是因为他们没有烦恼，而是因为他们的大脑中有一个过滤器，可以去粗取精，把一些不开心的事情分离出来。没有睿智的思想和宽广的胸怀是很难做到的，所以他们对待事物的方式往往出人意料。

有一对师徒出外游历，到了一个地方饥肠辘辘，于是师父对徒弟说："前面有一家餐馆，你去讨点儿饭来。"徒弟领命到了餐馆，说明了来意。店主说："给饭吃可以啊，不过我有个要求。"

徒弟忙问："什么要求？"

店主说："我写一字，你若认识，我就请你们师徒吃饭；若不认识，乱棍打出。"

徒弟微微一笑："主人家，我虽不才，可我也跟随师父多年，别说一个字，就是作一篇文章又有何难？"

店主也微微一笑："先别夸口，认完再说。"说罢拿起笔写了一个"真"字。徒弟哈哈大笑："主人家，你也太欺我无能了，我以为是什么难认之字，此字我五岁就认识了！"

店主微笑问："此为何字？"徒弟说："是认真的'真'字。"

店主冷笑一声："哼，无知之徒竟敢冒充大师的弟子，来人，乱棍打出！"

徒弟就这样回来见师父，说了经过，师父微微一笑："看来他是要为师前去不可。"说罢来到店前，说明来意。那店主一样写下"真"字。大师答道："此字念'直八'。"

那店主笑道："果然是大师来到，请！"就这样，师徒吃完、喝完没出一分钱就走了。徒弟不懂，问道："师父，你不是教我们那字念'真'吗？什么时候变成'直八'了？"

师父微微一笑，说："有时候一些事是认不得'真'的啊！"

这是一个富有哲理的小故事，道理就是：人生在世，不能处处较真，而

应该更加豁达、乐观地享受生活。人生不可能事事都如意，在面对不如意的时候，如果你可以用幽默的心态来对待，生活肯定会变得更加美好。

张坚和茹萍是一对新婚的小夫妻，但两人只因为一言不合就开始了冷战，茹萍更是一气之下要回娘家。茹萍在收拾东西的时候，张坚在一旁生闷气，没有理睬她。

茹萍故意收拾了很长时间，张坚还是一语不发。茹萍气鼓鼓地跟张坚要路费，张坚什么都没说，从钱包里掏出了20元钱递给了茹萍。茹萍拿着钱呆呆地看着张坚，没有要走的意思。过了很长时间，茹萍终于忍无可忍地说："就给我这么点儿钱，我回来的路费你不给啊？"

张坚看了看妻子，慢悠悠地说："你把我这个大钱包带回娘家就是了，还怕没有路费吗？"茹萍一听，立即破涕为笑。如果张坚不这么幽默一下，两人之间或许还会有更大的战争爆发。

当人们在气头上的时候做到忍让是很难的，即使知道自己错了，也死要面子，不肯认错。在这种情况下，不妨用幽默的方式给对方一个台阶，这是一种再明智不过的办法了。

幽默沟通技巧

不要让较真的态度毁了你的理性，在生活中要多一点宽容，少一点挑剔，才可能拥有更多的快乐，平平淡淡、从从容容才是真。

随着社会的进步和发展，人们之间需要更广泛的交流和交际，而交流和交际最主要的表现就是语言。

如果你可以掌握好语言这把锋刃，就可以在社交中如鱼得水。如果你想拓展事业，拥有更广泛的同盟与伙伴，你的成功将只是今天和明天之分。

第十五章

幽默处世，把智慧融入幽默

一、想要博得同情，用幽默来表露自己

在你与对方尚未开始交谈之前，不妨用幽默来彼此调侃一下，使对方处于欢乐的气氛之中，就像当初刘姥姥进大观园时，先让对方放松，然后再从侧面提到自己家中的困苦，把被求方骄傲的情绪和同情心调动起来，富人们自然就会乐于施舍于她了。这个时候利用自我解嘲的幽默，生动地暗示自己的处境，唤起被求方的同情。

张雅向她的朋友抱怨："我越来越老了。"

当然，朋友们会告诉她："你看起来仍像从前一样年轻。"

"不，我不年轻了。"她坚持说，"过去总有人问我：'为什么你还不结婚？'而现在他们问'你当年怎么会不结婚呢？'"

朋友们在被张雅的幽默逗笑时，也不免会为她年华逝去，却还没有成家而同情她。所以，想要获得对方的同情，首先就要脱掉虚伪的外衣，真诚地表露自己，而趣味思想的幽默可以帮助我们移去障碍和欺骗。

要学会幽默地面对生活，借助分享，你就可以把琐碎的问题摆在适当的位置，这些问题和你整个生活相比就显得微不足道了，这有助于你轻松地获得愉悦的心情，也能使你重振精神。

我们可能会欺骗他人，尤其是偶尔我们犯了错误受到谴责的时候，总是希望可以得到他人的谅解。我们总是相信绝大多数人都是诚实、善良的，所以可以采取幽默的方式去争取他人的谅解。

孙嘉打电话给小区的电工："喂，我昨天给你打电话来修门铃，为什么到今天还没有来呢？"

电工答道："我昨天去了两次，每次按门铃都没有人出来开门，我只好走了。"

你在听完电工的解释以后肯定会轻松地一笑，其意绝不在讽刺电工的服务态度，反而电工的愚笨会使我们觉得非常可爱，进而谅解了他工作的失误。

当我们在做错事情以后又被人撞上，肯定会觉得十分尴尬，对于这种情况，我们可以采用幽默的方式来取得他人的原谅，用幽默营造一种"山重水复疑无路，柳暗花明又一村"的境界。

我们对别人是什么样的态度和行为，对方就会做出同样的反应和回答。西方有句谚语说得好："把对方想象成天使，就不会遇到魔鬼。"当我们因做错事情而损害了他人的利益时，应该以知错就改的幽默态度和对方进行交流，争取得到对方的谅解。

幽默沟通技巧

当幽默帮助我们瓦解尴尬时，我们和周围的人都会感到舒服。要知道每个人都有自己的难言之隐，许多伟人都向我们展示过如何面对自己的未来和昔日的成就，我们也可以从中有所收获。

二、请君入瓮，幽默地打造话语迷宫

"请君入瓮"是来自于唐朝酷吏来俊臣的一个典故，意思就是设计好圈套，等着别人来钻，把这种幽默应用在计谋上，就发展成为一个富有趣味的幽默技巧或者是语言技巧。其最突出的特点就是：用故弄玄虚的连续问或答，使对方一步步进入自己设计的话语迷宫，营造出一种幽默的氛围，同时使他人开窍。

把这个技巧运用到生活中，幽默艺术更加显露出它的机智和思辨色彩。在生活的口舌战中，这种巧设圈套的幽默技巧也被广泛地应用。

老袁应妻子的要求到菜市场去买虾。他走到了一家摊贩的虾盆前，虾虽然数量很多，但都不是很新鲜。他拿起其中一只闻了一下，摊主不高兴了，对他说："你这是什么意思？我的虾都是很新鲜的。"

老袁并没有和摊主争辩，而是说："我只是在和这只虾说话呢！"

"哦？"老袁这么一说，摊主来了兴趣，问他，"那你和它说了什么呢？"

老袁说："其实也没有什么，我想到河里去游泳，问问它河里的水凉不凉？"

这个时候摊主已经笑得上气不接下气了，问老袁："那它怎么说呢？"小摊旁边这时聚集了很多人。

"小虾对我说，很抱歉，我也没有办法告诉你，因为我已经离开河水十多天了。"老袁慢悠悠地说。

围观的人们听完哄然大笑，老板的脸涨得通红。

幽默的老袁并没有在一开始就指明摊主的虾不新鲜，而是通过与虾对话这种非常荒谬的举动，一步步诱使摊主进入自己的圈套。这正是运用了"请君入瓮"的技巧，摊主整个过程中完全在被牵着鼻子走。

要想使用这种幽默技巧，必须要突破常规的思维，出奇制胜地将对方引入到你的陷阱之中。

幽默沟通技巧

"请君入瓮"的幽默技巧可以体现出一个人的高超智慧。这种幽默有一个明显的特点，那就是使用这个方法的人总是可以在与对手的较量中占据主动，先发制人。这个技巧要求发起进攻的一方从开始就稳固自己的主动地位，吸引对方的注意力，让对方跟着自己走。这样，最后的一击才会显得更加有力和富有戏剧性。

三、借题发挥，小题大做的幽默

借题发挥，往往是指借由某个人的某句话或者某个观点，通过联想同类的或者相类似的事物，也可以通过推理或者类比的方法把"小题"进行"大做"，从而产生夸张的幽默效果。

在中国电影艺术家的联谊晚会上，胡可和刘仪伟担任主持人。

刘仪伟问夏雨："你快乐的源泉是什么？"夏雨回答说："那就是无论我走到哪里，始终都有一个人挂念着我，而我也时刻挂念着她，这让我感觉很快乐、很幸福。"然后，夏雨反问胡可："我感觉你每天也是笑嘻嘻的，你快乐的源泉是什么？"

胡可笑道："袁泉（谐音是'源泉'）？我哪有什么袁泉啊？袁泉她只属于你，这是你的专属，只能你有，我有的只是这一位（谐音是'仪伟'）。希望我们的主持可以得到观众的认可，这就是我最大的快乐。"台上台下顿时笑成一片。

胡可巧妙地借题发挥有效地带动了现场的气氛。她机智地利用"袁泉"与"源泉"、"一位"与"仪伟"的谐音作答，无厘头的幽默话语让人捧腹，为晚会增添了喜剧效果，彰显了一个主持人幽默风趣的天分。

有一次，廖冰兄、郭沫若、宋云彬、王琦等文人雅士聚会。

郭沫若突然问廖冰兄："你的名字为什么这么奇怪，自称为'兄'？"

王琦抢过话头说："他妹妹叫冰，所以他叫冰兄。"

郭沫若听后，哈哈大笑："噢，我明白了，郁达夫的妻子一定叫郁达，邵力子的父亲一定叫邵力。"一句话引得满堂宾客捧腹大笑。

廖冰兄的妹妹叫廖冰只是一个个例，而郭沫若借题发挥，开起了文化界朋友的玩笑，这种插科打诨的幽默方式反映出了郭沫若敏锐的联想思维和极强的幽默感。

借题发挥的幽默技巧是各个技巧当中比较容易掌握又行之有效的一种，关键就看能不能把"小题"通过离奇的推理和类比加以"大做"，从而达到幽默的效果，用笑声去获得他人的好感。

> **幽默沟通技巧**
>
> 借题发挥首先要找准要"借"的"题"，这是发挥的基础。想要把"小题"通过离奇的推理和类比加以"大做"，引出幽默的效果，就需要你不断培养自己的幽默感，在不经意间说出幽默的话语来。

四、有批评意见怎么办——正话反说，迂回取胜

在社交场合中，我们不可避免地会遇到给对方提意见的情况，如果话说得太直肯定会得罪人，但若说得不痛不痒，那跟没说没有什么区别。这个时候你不妨借助幽默的力量——正话反说。

著名主持人孟非跟朋友到一家咖啡店喝咖啡，咖啡端上来时，老板才认出是孟非。于是，老板非常客气地请孟非对咖啡店提点儿意见。

孟非看了看桌上的咖啡，差不多只有半杯的量，便微笑着对他说："我有一个办法，可以让你立刻多卖出两杯咖啡。"

老板赶忙追问："什么办法？"

孟非说："你只要把杯子倒满即可。"听到这句话，老板不好意思地笑了。

孟非正话反说，幽默地表达了自己的意见——咖啡量太少，也并没有让老板感到难堪，反而使气氛显得活泼和谐，着实高明。正话反说，也即反语，就是说出的话跟实际要表达的意思是完全相反的，表面褒扬，实则贬斥；表面否定，实则肯定。

它是一种幽默的说话方式，在提意见、表达不满、对人提出批评时，正话反说可以委婉地表达出自己真实的意思，不仅使话语含蓄风趣，跌宕起伏，产生出人意料的"笑果"，而且能使听者悟其意却不反感，顺耳心悦。

赵树理一向不赞成以粗暴的态度任意删改传统剧目，搞得不伦不类。有一次，他去看新编神话剧《柳毅传书》，发现这出传统戏里强加了很多"新内容"，比如冒险到洞庭湖传书搭救龙女的柳毅，居然能揭示出地主和农民的剥削与被剥削关系，还带领农民去斗地主等。

看完戏后，有人问赵树理有什么看法，赵树理反问道："柳毅入党了没有？"接着又一本正经地说："如果还没有，就应讨论他的入党问题，戏名也改为《柳毅入党》。柳毅同志历史清白，成分好，立场鲜明，觉悟高，符合入党条件，应该吸收他为中共党员。"众人听了，哈哈大笑，无不惊叹赵树理的巧言反语，对他独到的见解更是从心底里认同。

赵树理把文学作品里的人物拉到现实社会中，把古代的人物拉到现实社会中，通过"柳毅入党"的正话，反讽随意删改传统剧目的不负责任的行为。通过时空转换，把当下特有的事物，移接到古代，或把古代移接到当代，造成鲜明的对比，从而使批评一针见血，这是正话反说的一种体现。由于话语幽默，饱含智慧，所以不至于造成剑拔弩张的紧张气氛。

幽默沟通技巧

正话反说的幽默技巧，要点就在于先迷惑对手，然后给对方一个完全相反的解释。而这个解释要事先埋伏在迷惑对方的语言中，且必须有正面和反面两种解释。埋伏本身要显得荒谬和夸张，解释时超出常人的理解和想象，就可以取得很好的幽默效果。

五、与人交往机智应变，故作"痴呆"巧装傻

假装痴呆是用痴呆的外表去表达其内涵，把人的智慧隐藏于痴呆的假象之中的幽默技巧，即表面上看着既痴又傻，内心却高度机智，可以让对方通过虚假的表象品味到实实在在的幽默之趣。

想要使用这种幽默技巧就要求使用者具有表演才能和超群的智力，它要求使用者既要不动声色，还要煞有其事。在作假之后，令对方大吃一惊，产生疑问，在吃惊之余加以思考，随之突然顿悟，露出会心的微笑。

孙振到一家餐厅就餐，他尝着刚端上来的鱼和肉，感慨地说："早知道今天有这样的饭菜，我就提前几天来了。"

餐厅经理听到后，很高兴地说："您真是一位美食家，我们餐厅的饭菜确实是一流的。"

孙振接着说："谢谢夸奖！我的意思是如果早几天来，鱼和肉就会是新鲜的了。"

在人际交往中，故作愚蠢有着很强的戏谑性，人们不会为了一个人的聪明而发笑，也不会留意那些刻意耍弄的小聪明。愚蠢却是人们的聚焦点，不管是真的还是假的，人们都乐于为之开怀。

故作愚蠢是高度机智的表现，对方和自己都明白其中"装傻"的成分，双方都心照不宣，又抵制不住其俏皮的诱惑，自然笑得更加畅快和自然。

装傻充愣，有时候也可以帮助你巧妙避开尴尬的瞬间。

张曼在某个学校实习的时候，开始自己的第一堂课。刚刚在黑板上写了几个字，学生中突然有人叫起来："张老师的字比我们李老师的字好看！"

真是语惊四座，稚嫩的学生哪能想到此时在后座听课的班主任李老师是怎样的尴尬！对张曼来说，初上岗位，就碰到这般让人难堪的场面，的确让人头疼，以后怎样同这位班主任共渡实习难关呢？转过身来谦虚几句，行吗？不行！这时张曼灵机一动，装作没有听到，继续写了几个字，头也不回地说："不安安静静地看课文，是谁在下边大声喧哗！"

此语一出，使李老师紧张的心情顿时轻松多了，尴尬局面也随之消除。

张曼就是巧妙地运用装作不知道、避实就虚的技巧，即避开"称赞"这一实体，装作没有听清楚，而攻击"喧闹"这一虚像。既巧妙地告诉李老师"我根本没有听到"，又打击了那位学生称赞的兴致。

幽默沟通技巧

装痴装傻的幽默技巧就要求你不动声色地将自己的"愚蠢"惟妙惟肖地展露出来，这样人们才不会因为意料不到而莫名惊诧。然后，随着误会的涣然冰释，你的真实意图就会暴露出来，给人们带来一种说不出的快意。

六、沟通遭遇阻碍，用幽默扭转局面

具有幽默感的人一定具有强大的人格魅力，因为他们总能强烈地感受到自己力量的存在，所以能够从容地应对各种尴尬的窘境，懂得利用幽默给自己找个台阶下。要想掌握这种幽默的运用方式，就需要在面对失误和危机时，能够在头脑中迅速地做出反应。

已故相声大师马季先生，多年前有一次在湖北省黄石市演出。有一位演员因为慌张，错把"黄石市"说成了"黄石县"，引来了观众的哄笑。

在笑声中，马季登台演出。他不慌不忙，张嘴就说："今天，我有幸来到黄石省演出……"这句话把哄笑的观众弄糊涂了。正当大家窃窃私语时，马季解释道："方才我们的演员把黄石市说成县，降了一级。我在这里

当然要说成省，给提上一级，这样一降一提，就平了。"几句话引得全场观众哄堂大笑，马季机智、巧妙地给那位演员圆了场。

一个具有幽默感的人，能把自己和他人从进退维谷的尴尬局面中解救出来，还能令他人看出自己的智慧所在。

有一天，一位社会地位显赫、狂妄自大的太太向萧伯纳发出了请帖，想邀请萧伯纳到她家里来做客。请帖是这样写的：星期四下午四点至六点，我将在家。

萧伯纳对她一向是敬而远之的，绝对不会前去拜访她，于是他在请帖底下添上简短的一行字："我也一样，萧伯纳。"然后就派人将请帖给那位太太送了回去。

萧伯纳没有明着拒绝对方的邀请，而是声明自己也将像对方一样待在家里，将拒绝赴约的意思表达得一清二楚，这样的幽默同样显示了萧伯纳在社交上的智慧。

在各种不同的社交场合，要想迅速摆脱自己所处的困境，活跃气氛，赢得尊重，都是离不了幽默的独特作用的。由于社交中突如其来的事情比较多，许多不曾预料的情况都会发生，因此要想使自己在社交中游刃有余，必须要具有过人的智慧和极其敏锐的反应能力。

俗话说"要在游泳中学会游泳"，我们也只有在社交中才能学会社交，在幽默中才能学会幽默。不经过实践的磨炼，我们就无法把自己的幽默运用得更加纯熟，就无法通过社交为自己拓宽生活的道路。

幽默沟通技巧

为他人铺下一个台阶，也是为自己铺下一个台阶。善于运用幽默的技巧，就能在无形之中铺下这个面子的"台阶"，轻松化解尴尬僵持的局面，打破冷场的局势。

读 者 意 见 反 馈 表

亲爱的读者:

感谢您对中国铁道出版社有限公司的支持,您的建议是我们不断改进工作的信息来源,您的需求是我们不断开拓创新的基础。为了更好地服务读者,出版更多的精品图书,希望您能在百忙之中抽出时间填写这份意见反馈表发给我们。随书纸制表格请在填好后剪下寄到: 北京市西城区右安门西街8号中国铁道出版社有限公司大众出版中心 巨凤 收(邮编: 100054)。此外,读者也可以直接通过电子邮件把意见反馈给我们,E-mail地址是: herozyda@foxmail.com。我们将选出意见中肯的热心读者,赠送本社的其他图书作为奖励。同时,我们将充分考虑您的意见和建议,并尽可能地给您满意的答复。谢谢!

- -

所购书名: _____

个人资料:

姓名: _____ 性别: _____ 年龄: _____ 文化程度: _____

职业: _____ 电话: _____ E-mail: _____

通信地址: _____ 邮编: _____

- -

您是如何得知本书的:

□书店宣传 □网络宣传 □展会促销 □出版社图书目录 □老师指定 □杂志、报纸等的介绍 □别人推荐
□其他(请指明) _____

您从何处得到本书的:

□书店 □邮购 □商场、超市等卖场 □图书销售的网站 □培训学校 □其他

影响您购买本书的因素(可多选):

□内容实用 □价格合理 □装帧设计精美 □带多媒体教学光盘 □优惠促销 □书评广告 □出版社知名度
□作者名气 □工作、生活和学习的需要 □其他

您对本书封面设计的满意程度:

□很满意 □比较满意 □一般 □不满意 □改进建议

您对本书的总体满意程度:

从文字的角度 □很满意 □比较满意 □一般 □不满意
从技术的角度 □很满意 □比较满意 □一般 □不满意

您希望书中图的比例是多少:

□少量的图片辅以大量的文字 □图文比例相当 □大量的图片辅以少量的文字

您希望本书的定价是多少:

本书最令您满意的是:

1.
2.

您在使用本书时遇到哪些困难:

1.
2.

您希望本书在哪些方面进行改进:

1.
2.

您需要购买哪些方面的图书? 对我社现有图书有什么好的建议?

您更喜欢阅读哪些类型和层次的经管类书籍(可多选)?

□入门类 □精通类 □综合类 □问答类 □图解类 □查询手册类 □实例教程类

您在学习计算机的过程中有什么困难?

您的其他要求: